Winterschmaus

Unser Verlagsprogramm finden Sie unter www.christian-verlag.de

Produktmanagement: Susanne Nips
Textredaktion: Antje Eszerski für bookwise medienproduktion gmbh
Satz: Christiane Manz für bookwise medienproduktion gmbh
Layout und Umschlaggestaltung: Kirsten Habers

Fotografie: StockFood GmbH, München
Herstellung: Bettina Schippel
Repro: Repro Ludwig, Zell am See

Printed in Germany
by Stürtz, Würzburg

Die Deutsche Nationalbibliothek verzeichnet diese Publikation
in der Deutschen Nationalbibliografie;
detaillierte bibliografische Daten sind im Internet über
http://dnb.d-nb.de abrufbar.

1. Auflage 2011

ISBN 978-3-86244-073-3

Christian Verlag
Postfach 400209
80702 München
E-Mail: lektorat@verlagshaus.de

Lust auf Land

Winterschmaus

CHRISTIAN

Inhalt

Vorwort

In der kalten Jahreszeit schaltet die Natur einen Gang zurück: Die Bäume werden kahl, auf den Feldern sind die Früchte abgeerntet. Mit etwas Glück hat sich eine weiße Schneedecke über das Braun der Äcker gelegt.

Bei Schnee und Kälte bleibt man auch selbst gern in den warmen vier Wänden und der Appetit ändert sich entsprechend: Heiße Suppen, kräftige Eintöpfe, Braten, Strudel und herzhafte Aufläufe wärmen und stärken den Körper von innen.

Auch wenn draußen nichts mehr wächst, gibt es im Winter eine Fülle an haltbaren Gemüse- und Obstsorten, auf die Sie zurückgreifen können. Weiß- und Rotkohl und Wirsing lassen sich nicht nur zu Eintopf und Sauerkraut verarbeiten, sondern machen auch als Rouladen oder Törtchen eine überaus gute Figur. Vom bekanntesten Lagergemüse – der Kartoffel – gibt es bekanntlich unzählige Sorten – auf genauso viele Arten lassen Sie sich auch zubereiten: als Gratin, Rösti, Püree, Teigtaschen oder als Füllung für Gemüse …

Winter ist die Zeit für saftige Braten. Ob klassischer Schweine- oder Rinderbraten, delikate Wildgerichte oder Geflügel – je nach Geschmack lässt sich Fleisch mit unterschiedlichsten Winterbeilagen kombinieren: mal deftig mit Semmelknödel und Sauerkraut oder fruchtig mit Glühweinsoße, Orangen oder Pflaumen.

Besonders Gewürze wie eine Prise Zimt, etwas geriebene Muskatnuss oder Sternanis geben einem Gericht den typisch winterlichen Geschmack. Nüsse lassen sich den ganzen Winter über lagern und sie geben winterlichen Gerichten Biss. Der Rosenkohl-Speck-Auflauf oder die Spinatgnocchi lassen sich zum Beispiel wunderbar mit Walnüssen verfeinern.

Naschkatzen genießen Schokolade und Süßes im Winter natürlich genauso gern wie zu jeder anderen Jahreszeit. Und Süßes heißt nicht immer nur Nachtisch, auch wenn die Glühwein-Zabaione oder die Knusprige Schichtspeise sich als eleganter Menüabschluss anbieten. Der Scheiterhaufen – ein Brotauflauf mit Äpfel und Rosinen –, Bratäpfel oder ein Topfenstrudel sind leckere und sättigende Hauptgerichte.

Heiße Getränke spielen in der kalten Jahreszeit ebenfalls eine wichtige Rolle: Kein Weihnachtsmarkt ohne Glühwein und Punsch. Probieren Sie das doch auch mal zu Hause. Mit einem warmen Gewürzgrog mit Orange oder einem Zimtstern-Shake kann man den Tag gut vor dem Kamin ausklingen lassen.

Wir wünschen Ihnen viel Freude beim Nachkochen!

Suppen & Eintöpfe

Linsensuppe mit Speck
in kleinen Brotlaiben

ZUTATEN FÜR 4 PERSONEN

200 g braune Linsen
1 Karotte
1 Zwiebel
100 g Knollensellerie
1 grüne Paprikaschote
200 g mehlig kochende Kartoffeln
2 EL Pflanzenöl
600 ml Fleischbrühe
1 Lorbeerblatt
250 g Fleischwurst (Lyoner)
100 g Speck, gewürfelt
Salz
frisch gemahlener Pfeffer
1–2 EL Weinessig
4 Brotlaibe (à 250 g)

ZUBEREITUNGSZEIT: 15 MINUTEN
EINWEICHZEIT: 12 STUNDEN
GARZEIT: 45 MINUTEN

1 Die Linsen über Nacht in Wasser einweichen lassen.

2 Karotte, Zwiebel und Sellerie schälen und fein hacken. Die Paprikaschote waschen, halbieren, sorgfältig entkernen, in Streifen schneiden und beiseitestellen. Die Kartoffeln schälen und in kleine Würfel schneiden. Das Öl in einem Topf erhitzen und Karotte, Zwiebel und Sellerie darin andünsten. Die Kartoffelwürfel dazugeben und kurz mitdünsten. Mit der Fleischbrühe ablöschen.

3 Die eingeweichten Linsen abgießen, gut abtropfen lassen und in die Suppe geben. Das Lorbeerblatt zugeben und alles 30–40 Minuten unter gelegentlichem Rühren bei geringer Hitze köcheln lassen.

4 Die Fleischwurst enthäuten und in dünne Scheiben schneiden. Mit den Speckwürfeln und der Paprika etwa 15 Minuten vor Ende der Garzeit in die Suppe geben. Zum Schluss mit Salz, Pfeffer und Essig abschmecken.

5 Das Lorbeerblatt herausnehmen. Von den Brotlaiben einen Deckel abschneiden und die Laibe aushöhlen. Die Suppe einfüllen, Deckel auf die Brotlaibe setzen und sofort servieren.

Schweinegulasch
mit Champignons und Semmelknödeln

ZUTATEN FÜR 4 PERSONEN

Für das Gulasch:

1 kg Schweinefleisch (Schulter)
6 Gemüsezwiebeln
2 Knoblauchzehen
300 g frische Champignons
1 rote Paprikaschote
30 g Butterschmalz
250 ml Rotwein
400 g geschälte Tomaten (aus der Dose)
1 TL frisch gehackter Rosmarin
1 TL frisch gehackter Thymian
2 Lorbeerblätter
600 ml Fleischbrühe
Salz
frisch gemahlener Pfeffer

Für die Semmelknödel:

500 g Knödelbrot
200 ml Milch
1 Zwiebel
1 Bund Petersilie
20 g Butter
frisch geriebene Muskatnuss
2 Eier
Semmelbrösel, falls nötig

ZUBEREITUNGSZEIT: 1 STUNDE
GARZEIT: 1 STUNDE 30 MINUTEN

1 Das Fleisch waschen, trocken tupfen, von überschüssigem Fett- und Sehnensträngen befreien und in 2 cm große Würfel schneiden. Zwiebeln und Knoblauch schälen und fein würfeln. Die Pilze putzen und vierteln. Die Paprika waschen, halbieren, entkernen und in kleine Würfel schneiden.

2 Das Butterschmalz In einem Bräter erhitzen und das Fleisch darin portionsweise von allen Seiten scharf anbraten, herausnehmen und beiseite stellen. Das Gemüse in den Bräter geben und 5 Minuten unter Wenden anbraten, bis die Flüssigkeit der Pilze vollständig verdampft ist. Das Fleisch zugeben und den Bratensatz mit dem Wein ablöschen. Die Tomaten sowie die Gewürze zufügen und mit der Brühe auffüllen. Mit Salz und Pfeffer würzen und bei mittlerer Hitze 1–1 ½ Stunden schmoren lassen.

3 Das Knödelbrot in eine große Schüssel geben. Die Milch aufkochen lassen und über das Brot gießen. Etwa 15 Minuten ziehen lassen. Die Zwiebel schälen und fein würfeln. Die Petersilie waschen, trocken schütteln, die Blätter verlesen und fein hacken. Die Butter in einem kleinen Topf erhitzen und darin die Zwiebelwürfel glasig dünsten. Topf vom Herd nehmen und die Petersilie untermengen. Zum Knödelbrot geben und mit Salz, Pfeffer sowie Muskat würzen. Die Eier dazu schlagen und alles mit den Händen gut verkneten. Falls nötig, Semmelbrösel dazukneten.

4 In einem großen Topf Salzwasser zum Kochen bringen. Aus dem Teig mit angefeuchteten Händen Knödel formen und diese vorsichtig in das sprudelnd kochende Wasser geben. Wasser etwa 25 Minuten nur noch sieden lassen. Wenn alle Knödel an der Wasseroberfläche schwimmen, die Knödel mit einem Schaumlöffel herausheben.

5 Das fertige Gulasch noch einmal abschmecken und zusammen mit den Knödeln auf vorgewärmten Teller anrichten und servieren.

Rindfleischeintopf
mit buntem Wintergemüse

ZUTATEN FÜR 4 PERSONEN

500 g festkochende Kartoffeln
200 g Knollensellerie
3 Karotten · 1 Stange Lauch
¼ Weißkohlkopf (etwa 250 g) · 2 Zwiebeln
750 g Rindfleisch (zum Schmoren)
2 EL Butterschmalz · 2 Lorbeerblätter
Salz · frisch gemahlener Pfeffer
1 TL Kümmel · 1 TL getrockneter Majoran
600 ml Fleischbrühe

ZUBEREITUNGSZEIT: 30 MINUTEN
GARZEIT: 1 STUNDE 45 MINUTEN

1 Kartoffeln, Sellerie und Karotten schälen und waschen. Alles in Scheiben oder Würfel schneiden. Den Lauch, putzen, längs aufschlitzen, gründlich waschen und in Stücke schneiden. Vom Kohl die äußeren Blätter entfernen und den Strunk herausschneiden. Kohl waschen, abtropfen lassen und in Stücke schneiden. Die Zwiebeln schälen und klein würfeln.

2 Den Ofen auf 180 °C (Umluft) vorheizen.

3 Das Fleisch waschen, trocken tupfen und in mundgerechte Stücke schneiden. In einem großen Topf das Butterschmalz erhitzen und das Fleisch darin portionsweise bei mittlerer Hitze rundum braten. Zwiebelwürfel kurz mitbraten.

4 Das restliche Gemüse mit den Lorbeerblättern zum Fleisch geben und alles mit Salz, Pfeffer, Kümmel und Majoran würzen. Die Brühe angießen.

5 Zugedeckt im vorgeheizten Backofen etwa 1,5 Stunden schmoren lassen. Ab und zu umrühren und nach Bedarf noch etwas Flüssigkeit zufügen.

Rindfleisch in Rotwein
mit Champignons

1 Das Fleisch waschen, trocken tupfen und in nicht zu kleine Würfel schneiden. Karotten und Sellerie schälen bzw. putzen, waschen und in mundgerechte Stücke schneiden.

2 Die Pilze putzen und je nach Größe ganz lassen oder kleiner schneiden. Schalotten und Knoblauch schälen. Die Schalotten halbieren, den Knoblauch in Scheiben schneiden.

3 In einem Topf 4 Esslöffel Öl erhitzen und das Fleisch darin portionsweise rundum anbraten. Die Schalotten und den Knoblauch zugeben und kurz mitbraten. Mit etwas Wein ablöschen und reduzieren. Restlichen Wein angießen, die Lorbeerblätter sowie den Fond oder die Gemüsebrühe zugeben und 1 ½–2 Stunden bei milder Hitze schmoren lassen. Etwa 30 Minuten vor Ende der Garzeit Karotten und Sellerie zugeben. Ab und zu umrühren und nach Bedarf noch etwas Fond zufügen.

4 Von dem Rosmarinzweig die Nadeln abstreifen und fein hacken. Den Speck im restlichen Öl anbraten, die Champignons zugeben und 4–5 Minuten schmoren lassen. Mit Salz und Pfeffer würzen, mit dem Ragout vermischen, den Rosmarin zufügen, abschmecken und servieren.

ZUTATEN FÜR 4 PERSONEN

800 g mageres Rindfleisch
2 Karotten · 1 Stange Sellerie
300 g braune Champignons
8 Schalotten · 2 Knoblauchzehen
6 EL Olivenöl
500 ml kräftiger Rotwein (z. B. Burgunder)
500 ml Rinderfond oder Gemüsebrühe
2 Lorbeerblätter
2 Knoblauchzehen
1 Zweig Rosmarin
100 g Speckwürfel
Salz · frisch gemahlener Pfeffer

ZUBEREITUNGSZEIT: 30 MINUTEN
GARZEIT: 2 STUNDEN 15 MINUTEN

Ochsenschwanz
mit Zwiebeln geschmort

ZUTATEN FÜR 4 PERSONEN

2 kg Ochsenschwanz,
in Stücke geschnitten
Salz
frisch gemahlener Pfeffer
6–8 Gemüsezwiebeln
2 Karotten
¼ Knollensellerie
3 Zweige Thymian
1 Zweig Rosmarin
1 Lorbeerblatt
30 g Butterschmalz
1 EL Tomatenmark
300 ml trockener Rotwein
1,5 l Rinderfond

ZUBEREITUNGSZEIT: 40 MINUTEN
GARZEIT: 2 STUNDEN

1 Die Ochsenschwanzstücke waschen, trocken tupfen und rundum mit Salz und Pfeffer würzen.

2 Zwiebeln, Karotte und Sellerie schälen. Die Zwiebeln in Streifen, die Karotten in Scheiben und den Sellerie in kleine Würfel schneiden.

3 Die Kräuter waschen und trocken schütteln. In einem Topf das Butterschmalz erhitzen und die Ochsenschwanzstücke von allen Seiten scharf anbraten. Herausnehmen und beiseitestellen.

4 Das Gemüse in das Bratenfett geben und unter gelegentlichem Wenden 3–5 Minuten anbraten. Das Tomatenmark zufügen und kurz erhitzen. Mit der Hälfte Wein ablöschen und diesen vollständig reduzieren lassen. Den restlichen Wein sowie den Fond angießen. Die Gewürze und das Fleisch zufügen, mit Salz und Pfeffer würzen und bei mittlerer Hitze 1 ½–2 Stunden schmoren lassen. Noch einmal abschmecken und im Topf servieren.

Fasanenragout
mit Brokkoli und Blätterteig

ZUTATEN FÜR 4 PERSONEN

1 Fasan, küchenfertig (etwa 1,4 kg)

1 Bund Suppengemüse

1 Lorbeerblatt

3 Pimentkörner

Salz

250 g Brokkoliröschen

200 g geräucherter Schinkenspeck, in Scheiben

400 g festkochende Kartoffeln

150 g Blätterteig (aus dem Kühlregal)

1 Eigelb, verrührt

2 Zweige Thymian

2 Zweige Rosmarin

frisch gemahlener Pfeffer

200 ml trockener Weißwein

2 EL Butter

2 EL Mehl

ZUBEREITUNGSZEIT: 45 MINUTEN
GARZEIT: 1 STUNDE 45 MINUTEN

1 Den Fasan waschen, trocken tupfen und in einen großen Topf geben. Das Suppengemüse schälen, grob würfeln und zum Fasan geben. Alles gut mit Wasser bedecken. Lorbeer, Piment und Salz zugeben und etwa 1 ½ Stunden kochen lassen.

2 Den Brokkoli waschen und in kochendem Salzwasser 3–4 Minuten blanchieren. Herausnehmen, kalt abschrecken und gut abtropfen lassen. Den Schinkenspeck in feine Streifen schneiden. Die Kartoffeln waschen und in kochendem Salzwasser 20–25 Minuten garen. Den Backofen auf 180 °C vorheizen.

3 Währenddessen den Blätterteig auf einer bemehlten Arbeitsfläche ausrollen. Mit einem Ausstecher kleine Herzen ausstechen und auf ein mit Backpapier belegtes Backblech legen. Mit Eigelb bestreichen und für 15–20 Minuten im Backofen goldgelb backen. Herausnehmen und abkühlen lassen.

4 Den gegarten Fasan aus der Brühe nehmen, kurz auskühlen lassen und das Fleisch vom Knochen lösen und grob zerpflücken.

5 Die Kräuter waschen, trocken schütteln, die Blätter abzupfen und fein hacken. Die Kartoffeln abgießen und in Spalten schneiden. In einer Pfanne ohne Fett den Speck auslassen, das Fleisch und das Gemüse zugeben und alles unter gelegentlichem Schwenken 5 Minuten anbraten. Mit dem Wein und 500 ml von der Fasanbrühe ablöschen, mit Salz und Pfeffer würzen und 10–15 Minuten bei mittlerer Hitze köcheln lassen. Mit etwas Mehlbutter (weiche Butter und Mehl im Verhältnis 1:1 verknetet) abbinden. Das Ragout noch einmal abschmecken, in Schüsselchen füllen und mit je einem Blätterteigherz garniert servieren.

Wirsingsuppe mit Bohnen und Speck

ZUTATEN FÜR 4 PERSONEN

400 g getrocknete weiße Bohnen
1 Wirsing (etwa 500 g)
2 Zwiebeln
2 Knoblauchzehen
3 EL Olivenöl
100 g Speck, in Streifen geschnitten
1 TL frisch gehackter Rosmarin
Salz
frisch gemahlener Pfeffer
400 ml Gemüsebrühe
300 g altbackenes Weißbrot, in kleine Würfel geschnitten
frisch gehobelter Parmesan

ZUBEREITUNGSZEIT: 25 MINUTEN
EINWEICHZEIT: 12 STUNDEN
GARZEIT: 1 STUNDE 15 MINUTEN

1 Die Bohnen über Nacht in Wasser einweichen und am nächsten Tag im Einweichwasser etwa 45 Minuten gar kochen.

2 Den Wirsing waschen, putzen und in mundgerechte Stücke schneiden. Zwiebeln und Knoblauch schälen, fein würfeln und in einem großen Topf in Olivenöl mit dem Speck und dem Rosmarin sanft andünsten. Den Wirsing zufügen und alles mit Salz und Pfeffer würzen.

3 Drei Viertel der Bohnen im Kochwasser pürieren. Die restlichen Bohnen beiseitestellen. Die pürierten Bohnen zum Gemüse geben, mit der Brühe aufgießen und etwa 30 Minuten bei sanfter Hitze kochen.

4 Etwa 5 Minuten vor Ende der Garzeit die ganzen Bohnen und die Brotwürfel zugeben. Suppe noch einmal mit Salz und Pfeffer abschmecken und mit Parmesan bestreut servieren.

TIPP

Traditionellerweise wird die Suppe bereits am Vorabend zubereitet und am nächsten Tag aufgewärmt. Der Geschmack von Wirsing, Bohnen und Speck entfaltet sich dadurch erst richtig.

Bohnen-Hähnchen-Eintopf
mit Zwiebeln

ZUTATEN FÜR 4 PERSONEN

800 g weiße dicke Bohnen (aus dem Glas)
10 kleine Zwiebeln
1 rote Paprikaschote
500 g Hähnchenbrust
150 g geräucherter Schinkenspeck
30 g Butterschmalz
1,5 l Geflügelbrühe
3 Lorbeerblätter · 2 Pimentkörner
Salz · frisch gemahlener Pfeffer
2 EL gehackte Petersilie

ZUBEREITUNGSZEIT: 30 MINUTEN
GARZEIT: 30 MINUTEN

1 Die Bohnen über einem Sieb gut abtropfen lassen. Die Zwiebeln schälen. Die Paprika waschen, halbieren, entkernen und in kleine Würfel schneiden.

2 Das Hähnchenfleisch abspülen, trocken tupfen und in etwa 2 cm große Würfel schneiden.

3 Den Schinkenspeck würfeln und zusammen mit den Hähnchenwürfeln in einem Topf im heißen Butterschmalz von allen Seiten goldbraun anbraten. Zwiebeln und Paprika zugeben, kurz mitgaren und dann mit der Brühe aufgießen.

4 Lorbeerblätter und Piment zufügen, mit Salz und Pfeffer würzen und bei mittlerer Hitze etwa 25 Minuten köcheln lassen.

5 Die Bohnen zugeben, erwärmen, noch einmal mit Salz und Pfeffer abschmecken. In kleine Suppenterrinen geben und mit Petersilie bestreut servieren.

Lammgulasch

mit Gemüse

1 Das Lammfleisch waschen, trocken tupfen und in mundgerechte Stücke schneiden. Zwiebeln und Knoblauch schälen und fein würfeln.

2 Den Sellerie waschen, putzen und in Stücke schneiden. Kartoffeln und Süßkartoffeln schälen und würfeln. Die Karotten schälen, längs vierteln und in Stücke schneiden.

3 Das Fleisch in einem Topf in heißem Öl scharf anbraten. Zwiebeln und Knoblauch zugeben, die Brühe angießen und alles 30 Minuten köcheln lassen.

4 Sellerie, Kartoffeln, Süßkartoffeln, Karotten sowie Lorbeerblätter zum Fleisch geben und weitere 45 Minuten köcheln lassen.

5 Für die Klößchen das Mehl mit dem Ei und der Milch gut verrühren. Dabei nur so viel Milch zugeben, dass ein zäher Teig entsteht. Thymian zugeben und mit Salz und Muskat würzen. Mit einem Teelöffel von dem Teig Nocken abstechen und in kochendes Salzwasser geben.
Etwa 10 Minuten köcheln lassen.

6 Den Eintopf noch einmal mit Salz und Pfeffer würzen und mit den Klößchen servieren.

ZUTATEN FÜR 4 PERSONEN

600 g Lammfleisch (z. B. aus der Keule)

2 Zwiebeln · 2 Knoblauchzehen

2 Stangen Sellerie

200 g festkochende Kartoffeln

200 g Süßkartoffeln · 2 Karotten

2 EL Pflanzenöl · 600 ml Fleischbrühe

2 Lorbeerblätter

Salz · frisch gemahlener Pfeffer

Für die Klößchen:

200 g Mehl · 1 Ei · 100 ml Milch

1 EL Thymianblättchen · Salz

frisch geriebene Muskatnuss

ZUBEREITUNGSZEIT: 40 MINUTEN
GARZEIT: 1 STUNDE 30 MINUTEN

Gemüsecremesuppe
mit Rebhuhnbrust und Weintrauben

ZUTATEN FÜR 4 PERSONEN

2 Scheiben Toastbrot oder Weißbrot, ohne Rinde

1 TL Butter

250 g Blumenkohl

200 g mehlig kochende Kartoffeln

1 kleine weiße Zwiebel

1–2 EL Pflanzenöl

500 ml Gemüsebrühe

200 ml Sahne

Salz

weißer Pfeffer

frisch geriebene Muskatnuss

Zitronensaft

200 g geräucherte Fasanenbrust, ohne Haut

100 g Weintrauben

2 EL Balsamicocreme

frisch gemahlener Pfeffer

ZUBEREITUNGSZEIT: 20 MINUTEN
GARZEIT: 25 MINUTEN

1 Das Brot in Würfel schneiden und in einer Pfanne in Butter goldbraun anrösten. Herausnehmen und beiseitestellen.

2 Den Blumenkohl putzen, in Röschen zerteilen, waschen und abtropfen lassen. Die Kartoffel schälen und würfeln. Die Zwiebel schälen, fein hacken und im Öl glasig dünsten. Den Blumenkohl und die Kartoffeln zugeben, mitdünsten, mit der Brühe aufgießen und in etwa 20 Minuten weich garen.

3 Die Suppe pürieren, die Sahne zugeben und mitmixen. Mit Salz, Pfeffer, Muskat und Zitronensaft abschmecken und nach Bedarf noch ein wenig Brühe zufügen.

4 Die Fasanenbrust in mundgerechte Stücke schneiden und in einer beschichteten Pfanne ohne Fett kurz anbraten. Die Trauben zugeben und mitschwenken. Mit den Croûtons mischen und auf die Suppe geben. Mit der Balsamicocreme beträufeln und mit Pfeffer gewürzt servieren.

Kichererbseneintopf mit Fisch

ZUTATEN FÜR 4 PERSONEN

600 g weißes Fischfilet (z. B. Heilbutt, Kabeljau, Steinbeißer)

2 EL Zitronensaft

1 Fenchel

300 g Kichererbsen (aus der Dose)

2 Knoblauchzehen

1 Schalotte

2 EL Pflanzenöl

400 g geschälte Tomaten (aus der Dose)

300 ml Fischfond

150 ml trockener Weißwein

Salz

frisch gemahlener Pfeffer

Paprikapulver (nach Belieben)

2 EL Kapern

1 EL frisch gehackte Petersilie

ZUBEREITUNGSZEIT: 30 MINUTEN
GARZEIT: 40 MINUTEN

1 Den Fisch waschen, trocken tupfen und mit Zitronensaft beträufeln. Den Fenchel putzen, waschen, vierteln, von dem Strunk befreien und in Streifen schneiden.

2 Die Kichererbsen gut abtropfen lassen. Den Knoblauch und die Schalotte abziehen und in einer hohen Pfanne im heißen Öl 1–2 Minuten glasig andünsten.

3 Den Fenchel dazugeben, kurz mitdünsten und die Tomaten sowie den Fond und den Wein angießen. Mit Salz, Pfeffer und Paprika würzen und bei mittlerer Hitze 20–25 Minuten köcheln lassen.

4 Die Kichererbsen und den Fisch zugeben, gar ziehen lassen und alles erneut mit Salz und Pfeffer abschmecken. Die Kapern untermischen und in der Pfanne mit Petersilie bestreut servieren.

Fischeintopf
mit Gemüse und Champignons

ZUTATEN FÜR 4 PERSONEN

700 g gemischtes Fischfilet (z. B. Seeteufel, Heilbutt, Kabeljau, Steinbeißer, Rotbarbe)

2 Karotten · 1 Stange Lauch

1 kleine Dose ganze Champignons (150 g)

5 Stängel Schnittlauch

1 Schalotte · 2 Knoblauchzehen

2 EL Butter

200 ml Weißwein · 600 ml Fischfond

Salz · frisch gemahlener Pfeffer

1 EL Zitronensaft

4 Kerbelblätter (zum Garnieren)

ZUBEREITUNGSZEIT: 30 MINUTEN
GARZEIT: 15 MINUTEN

1 Die Fischfilets waschen, trocken tupfen und in mundgerechte Würfel schneiden. Die Karotten schälen und in Streifen schneiden. Den Lauch putzen, waschen, trocken schütteln und ebenfalls in feine Streifen schneiden.

2 Die Champignons abtropfen lassen und halbieren. Den Schnittlauch waschen, trocken schütteln und in Röllchen scheiden.

3 Die Schalotte und den Knoblauch abziehen und fein würfeln. In einem Topf die Butter zerlassen und die Schalotte, den Knoblauch sowie die Gemüsestreifen 2 Minuten andünsten.

4 Mit dem Wein und dem Fond ablöschen und aufkochen lassen. Topf vom Herd nehmen und die Fischwürfel im Sud gar ziehen lassen. Mit Salz, Pfeffer und Zitronensaft würzen und in kleine Suppenschüsseln füllen. Mit den Schnittlauchröllchen und jeweils einem Kerbelblatt garniert servieren.

Borschtsch
mit Forelle und Sauerrahm

1 Zwiebel und Knoblauch abziehen und fein würfeln. Die Rote Bete schälen (Einmalhandschuhe verwenden) und in Stifte schneiden. Den Weißkohl putzen, waschen, die Blätter abtrennen, die dicken Stiele heraustrennen und den Kohl klein schneiden. Den Sellerie und die Karotten ebenfalls schälen und grob raspeln.

2 In einem Topf die Butter erhitzen und die Zwiebel- und Knoblauchwürfel 1–2 Minuten glasig dünsten. Das restliche Gemüse (bis auf den Weißkohl) zugeben und weitere 2–3 Minuten mitdünsten. Mit der Brühe und dem Fond aufgießen, den Weißkohl zugeben und alles 20–25 Minuten bei mittlerer Hitze köcheln lassen.

3 Die Forellenfilets grob zerpflücken. Die Suppe mit Salz und Pfeffer würzen, mit Essig und Zucker abschmecken und in vorgewärmte Suppenschüsseln füllen. Die Forellenstücke als Einlage in die Suppe legen und mit einem Klecks Sauerrahm und gehackter Petersilie garniert servieren.

ZUTATEN FÜR 4 PERSONEN

1 Gemüsezwiebel
2 Knoblauchzehen · 500 g Rote Bete
250 g Weißkohl · ¼ Knolle Sellerie
2 Karotten · 30 g Butter
600 ml Gemüsebrühe · 400 ml Fischfond
400 g geräucherte Forellenfilets
Salz · frisch gemahlener Pfeffer
3 EL Weißweinessig
1 Prise Zucker (nach Geschmack)
2 EL Sauerrahm
2 EL frisch gehackte Petersilie

ZUBEREITUNGSZEIT: 30 MINUTEN
GARZEIT: 35 MINUTEN

Champignonsuppe
mit Steinpilzen und Kassler

ZUTATEN FÜR 4 PERSONEN

800 ml Gemüsebrühe
10–15 g getrocknete Steinpilze (nach Geschmack)
400 g Champignons
2 rote Zwiebeln
1 Knoblauchzehe
2 EL Rapsöl
Salz
frisch gemahlener Pfeffer
100 g Kassler
Petersilienblätter (zum Garnieren)
2 EL Crème fraîche
4 EL Sahne

ZUBEREITUNGSZEIT: 20 MINUTEN
EINWEICHZEIT: 1 STUNDE
GARZEIT: 20 MINUTEN

1 Etwa 200 ml Brühe erhitzen. Die getrockneten Steinpilze kalt abspülen, trocken tupfen und in der heißen Brühe etwa 1 Stunde einweichen.

2 Die Champignons putzen und je nach Bedarf klein schneiden. Zwiebeln und Knoblauch schälen und würfeln. In einem Topf 1 Esslöffel Öl erhitzen und darin Zwiebeln und Knoblauch glasig dünsten.

3 Die Steinpilze abtropfen lassen und dabei die Brühe auffangen. Die Champignons und die Steinpilze zu den Zwiebeln geben und anbraten. Mit der übrigen Brühe und der Steinpilzbrühe ablöschen. Mit Salz und Pfeffer würzen und etwa 15 Minuten köcheln lassen.

4 Das Kassler in kleine Würfel schneiden. Das restliche Öl in einer Pfanne erhitzen und das Fleisch darin kurz anbraten. Mit Pfeffer würzen.

5 Etwa 2 Esslöffel Champignons aus der Brühe nehmen und beiseitelegen. Die restlichen Pilze in der Brühe mit einem Pürierstab fein pürieren und die Crème fraîche einrühren.

6 Die Suppe noch einmal mit Salz und Pfeffer abschmecken und auf Suppenschälchen verteilen. Je 1 Esslöffel Sahne auf die Suppe setzen und Fleischwürfel, Pilze sowie Petersilie daraufgeben.

Kürbissuppe
mit Salbei und Speck

ZUTATEN FÜR 4 PERSONEN

200 g mehlig kochende Kartoffeln
500 g Kürbisfruchtfleisch (z. B. Hokkaido)
1 Zwiebel · 1 Knoblauchzehe · 2 EL Butter
650 ml Gemüsebrühe · 100 ml Sahne
10 g frischer Ingwer · ½ TL Zitronensaft
Salz · frisch gemahlener Pfeffer
1 Prise frisch geriebene Muskatnuss
100 g Speck · ½ TL Butter
5 frische Salbeiblätter
1 EL kalt gepresstes Olivenöl (zum Beträufeln)

ZUBEREITUNGSZEIT: 20 MINUTEN
GARZEIT: 35 MINUTEN

1 Die Kartoffeln waschen und schälen und zusammen mit dem Kürbisfleisch grob würfeln. Die Zwiebel und die Knoblauchzehe abziehen und fein hacken.

2 Die Butter in einem Topf erhitzen. Zwiebel und Knoblauch darin glasig dünsten. Kartoffel und Kürbis zugeben und kurz mitdünsten. Mit der Brühe ablöschen und etwa 25 Minuten weich kochen. Anschließend mit einem Pürierstab pürieren und mit der Sahne aufgießen. Nach Wunsch noch etwas Brühe zugeben.

3 Den Ingwer schälen und fein reiben. Die Suppe mit Zitronensaft, Ingwer, Salz, Pfeffer und Muskat abschmecken.

4 Den Speck würfeln oder in Streifen schneiden und in einer kleinen Pfanne in Butter knusprig braten. Herausnehmen und auf Küchenkrepp abtropfen lassen.

5 Die Salbeiblätter waschen und trocken schütteln. In die Pfanne geben und etwa eine halbe Minute andünsten. Die Suppe auf Schüsselchen verteilen. Den Speck mit den Salbeiblättchen auf die Suppe geben, mit Öl beträufeln und mit etwas Pfeffer aus der Mühle übermahlen.

Grüne Kartoffel-Sellerie-Suppe
mit Speckstreifen

1 Die Kartoffeln und den Sellerie schälen und fein würfeln. Das Selleriegrün waschen und die -blätter verlesen. Einige für die Garnitur beiseitelegen und den Rest in feine Streifen schneiden.

2 Die Zwiebeln waschen, putzen und in Ringe schneiden. Mit den Kartoffeln, dem Selleriegrün, den Selleriewürfeln sowie der Brühe in einen Topf geben. Den Knoblauch dazupressen und alles aufkochen lassen. Mit Salz, Pfeffer und Muskat würzen. Etwa 25 Minuten leise köcheln lassen und anschließend mit einem Pürierstab fein pürieren und nach Belieben passieren. Nach Bedarf noch ein wenig Brühe zufügen oder etwas reduzieren.

3 Die Speckscheiben halbieren und in einer Pfanne knusprig braten. Die Sahne und die Crème fraîche unter die Suppe rühren, nochmals abschmecken und auf Teller verteilen. Den Speck darauflegen und mit Selleriegrün bestreut servieren.

ZUTATEN FÜR 4 PERSONEN

400 g mehlig kochende Kartoffeln

1 Knolle Sellerie mit Grün (etwa 400 g)

2 Frühlingszwiebeln

2 Knoblauchzehen

800 ml Gemüsebrühe

Salz

frisch gemahlener Pfeffer

frisch geriebene Muskatnuss

2 Scheiben Frühstücksspeck

50 ml Sahne

2–3 EL Crème fraîche

ZUBEREITUNGSZEIT: 30 MINUTEN
GARZEIT: 30 MINUTEN

Tomatensuppe
mit Brotwürfeln

ZUTATEN FÜR 4 PERSONEN

2 Schalotten · 3 Knoblauchzehen
800 g reife Tomaten
400 g Weißbrot · 40 g Butter
2 EL Tomatenmark · 1,25 l Gemüsebrühe
Salz · frisch gemahlener Pfeffer
1 EL getrockneter Oregano

ZUBEREITUNGSZEIT: 30 MINUTEN
GARZEIT: 35 MINUTEN

1 Die Schalotten und den Knoblauch schälen und fein würfeln. Die Tomaten waschen, von dem Stielansatz befreien, abbrühen, kalt abschrecken, häuten und würfeln.

2 Das Brot entrinden und ebenfalls in Würfel schneiden.

3 In einem Topf die Butter erhitzen und die Schalotten sowie den Knoblauch darin 1–2 Minuten glasig dünsten. Die Tomatenwürfel und das Tomatenmark zugeben und den Wein sowie die Brühe angießen. Mit Salz, Pfeffer und Oregano würzen und bei mittlerer Hitze 25–30 Minuten köcheln lassen.

4 Die Brotwürfel unter die Suppe mischen und erneut abschmecken. Die Suppe in vorgewärmte Suppenschüsseln füllen und mit Pfeffer übermahlt servieren.

Erbsensuppe
in der Kasserolle

1 Die Frühlingszwiebeln putzen, das Weiße in Ringe schneiden, das Grüne klein hacken.

2 Die Knoblauchzehe schälen und fein hacken. Zusammen mit dem Weißen der Frühlingszwiebeln in heißer Butter andünsten und die Erbsen sowie Ingwer zugeben.

3 Mit der Brühe ablöschen, aufkochen lassen und etwa 10 Minuten köcheln lassen, dann die Sahne zugeben und die Suppe mit einem Pürierstab fein pürieren. Nach Belieben durch ein Sieb streichen. Nach Bedarf noch ein wenig Brühe zugeben oder noch etwas einköcheln lassen.

4 Das Grün der Frühlingszwiebeln zugeben und weitere 3 Minuten köcheln lassen. Mit Salz und Pfeffer abschmecken. Suppe in Schüsselchen füllen, jeweils mit einem Klecks Crème fraîche verfeinern und servieren.

ZUTATEN FÜR 4 PERSONEN

2 Frühlingszwiebeln
1 Knoblauchzehe
1 EL Butter
400 g TK-Erbsen
1 EL frisch geriebener Ingwer
600 ml Geflügelbrühe
200 ml Sahne
Salz
frisch gemahlener Pfeffer
2–3 EL Crème fraîche

ZUBEREITUNGSZEIT: 15 MINUTEN
GARZEIT: 20 MINUTEN

Bohnensuppe
mit Wirsing

ZUTATEN FÜR 4 PERSONEN

400 g weiße dicke Bohnen (aus dem Glas)
500 g Wirsing
1 Schalotte
2 Knoblauchzehen
2 Stangen Sellerie
2 Karotten
500 g reife Tomaten
3 Stängel frischer Oregano
30 g Butter
900 ml Gemüsebrühe
Salz
frisch gemahlener Pfeffer Mühle
1 TL Fenchelsamen
1 EL getrockneter Oregano
2 EL schwarze Oliven ohne Stein

ZUBEREITUNGSZEIT: 30 MINUTEN
GARZEIT: 40 MINUTEN

1 Die Bohnen über einem Sieb gut abtropfen lassen. Den Wirsing putzen, die Blätter abtrennen, waschen und trocken schütteln. Die harten Stiele heraustrennen und die Blätter in mundgerechte Stücke schneiden.

2 Die Schalotte und den Knoblauch abziehen und fein würfeln. Den Sellerie putzen, waschen und in Scheiben schneiden. Die Karotten schälen und in Würfel schneiden. Die Tomaten waschen und vom Stielansatz befreien. Mit heißem Wasser abrühen, kalt abschrecken, dann häuten und ebenfalls in Würfel schneiden. Den Oregano waschen und trocken schütteln.

3 Die Butter in einem Topf erhitzen und die Zwiebel- und Knoblauchwürfel 1-2 Minuten glasig anschwitzen. Das restliche Gemüse (bis auf die Tomaten) zugeben und weitere 3-4 Minuten mitschwitzen.

4 Nun die Tomaten zufügen und die Brühe angießen. Mit Salz, Pfeffer, Fenchelsamen und Oregano würzen und bei mittlerer Hitze 25-30 Minuten köcheln lassen.

5 Die Bohnen und Oliven unterrühren, aufkochen lassen, abschmecken mit frischen Oregano bestreut im Topf servieren.

Kürbiseintopf im Kürbis

ZUTATEN FÜR 4 PERSONEN

1 Kürbis (etwa 1,2 kg)

400 g kleine neue Kartoffeln

1 Stange Lauch

2 Knoblauchzehen

600 ml Rinder- oder Gemüsebrühe

1 EL Butter

250 g Cocktailtomaten

Salz

frisch gemahlener Pfeffer

Cayennepfeffer

1 EL frisch gehackte Petersilie

ZUBEREITUNGSZEIT: 25 MINUTEN
GARZEIT: 35 MINUTEN

1 Vom Kürbis einen nicht zu kleinen Deckel abschneiden, erst mithilfe eines Löffels das Kerngehäuse entfernen, dann das Fruchtfleisch in so großen Stücken wie möglich herauslösen und würfeln (möglichst so, dass noch eine dünne Kürbiswand für den Halt stehen bleibt).

2 Die Kartoffeln gründlich waschen und halbieren. Den Lauch waschen, putzen und in feine Ringe schneiden. Den Knoblauch schälen und fein hacken. Die Brühe zum Kochen bringen.

3 In einem großen Topf die Butter erhitzen und den Knoblauch darin glasig dünsten. Kartoffeln, Kürbis und Lauch kurz mitdünsten, dann die heiße Brühe angießen. Aufkochen lassen und bei mittlerer Hitze etwa 30 Minuten leise gar köcheln lassen.

4 Die Tomaten waschen, zugeben und kurz heiß werden lassen. Mit Salz, Pfeffer und Cayennepfeffer abschmecken. Die heiße Suppe in den ausgehöhlten Kürbis füllen und mit Petersilie bestreut servieren.

Pikanter Hülsenfrüchtetopf
mit Wildreis

ZUTATEN FÜR 4 PERSONEN

100 g gelbe Linsen · 100 g braune Linsen
100 g weiße Bohnen · 100 g grüne Erbsen
2 Karotten · 150 g frische grüne Bohnen
2 Stangen Sellerie
1 Stange Lauch
2 Schalotten · 2 Knoblauchzehen
150 g Wildreis · Salz
30 g Butter
900 ml Gemüsebrühe
frisch gemahlener Pfeffer

ZUBEREITUNGSZEIT: 30 MINUTEN
EINWEICHZEIT: 10 STUNDEN
GARZEIT: 45 MINUTEN

1 Die gelben und braunen Linsen, die Bohnen und die Erbsen über Nacht in kaltem Wasser einweichen.

2 Die Karotten schälen und in grobe Stücke schneiden. Die Bohnen putzen und eventuell halbieren. Den Sellerie und den Lauch putzen, waschen, trocken schütteln und in Ringe schneiden.

3 Die Schalotten und den Knoblauch schälen. Die Schalotten vierteln und den Knoblauch fein hacken.

4 Den Wildreis in kochendem Salzwasser (Verhältnis 1:2) 20–25 Minuten bei mittlerer Hitze gar kochen.

5 Inzwischen in einem Topf die Butter erhitzen und das Gemüse darin 3–4 Minuten andünsten.

6 Die Hülsenfrüchte abgießen, abtropfen lassen und dazugeben. Mit der Brühe aufgießen, mit Salz und Pfeffer würzen und 35–40 Minuten bei mittlerer Hitze köcheln lassen. Den fertig gegarten Reis untermischen und im Topf servieren.

Zwiebelsuppe
mit Pilzen

1 Das Suppengemüse putzen, waschen und in grobe Stücke schneiden.

2 Das Suppenfleisch mit dem Gemüse und den Gewürzen in einen Topf geben, mit Wasser bedecken, mit Salz würzen und zum Kochen bringen. Bei mittlerer Hitze 1 ½ Stunden kochen lassen.

3 Die Zwiebeln abziehen und in Ringe schneiden. Die Pilze putzen und in Scheiben schneiden. Die Petersilie waschen, trocken schütteln, die Blätter abzupfen und fein hacken.

4 Die Brühe durch ein Sieb passieren und das Fleisch beiseitelegen.

5 In einem weiteren Topf die Butter erhitzen und die Zwiebelringe sowie die Pilze 3–4 Minuten anbraten. Die Brühe angießen und kurz aufkochen lassen. Mit Salz und Pfeffer abschmecken, in Suppenschälchen füllen und mit Petersilie bestreut servieren. Nach Belieben das Fleisch in Würfel schneiden und als Einlage in die Suppe legen.

ZUTATEN FÜR 4 PERSONEN

1 Bund Suppengemüse

250 g Suppenfleisch (z. B. Rinderbrust)

2 Lorbeerblätter

3 Pimentkörner · Salz

8 Gemüsezwiebeln

300 g frische Champignons

2 Stängel Petersilie

30 g Butter

800 ml Rinderbrühe

frisch gemahlener Pfeffer

ZUBEREITUNGSZEIT: 30 MINUTEN
GARZEIT: 1 STUNDE 40 MINUTEN

Kerbelsüppchen mit Kerbelrüben und Maronen

ZUTATEN FÜR 4 PERSONEN

600 g Kerbelrüben
2 Gemüsezwiebeln
30 g Butter
1 l Gemüsebrühe
Salz
frisch gemahlener Pfeffer
12–16 Maronen
3 Stängel Kerbelgrün
150 ml Sahne (30 % Fett)

ZUBEREITUNGSZEIT: 25 MINUTEN
GARZEIT: 35 MINUTEN

1 Die Rüben schälen, waschen und in Stücke schneiden. Die Zwiebeln schälen und fein würfeln.

2 In einem Topf die Butter erhitzen und die Zwiebel- und Rübenwürfel darin 3–4 Minuten andünsten. Die Brühe angießen, mit Salz und Pfeffer würzen und bei mittlerer Hitze etwa 30 Minuten köcheln lassen.

3 Die Maronenschale kreuzweise auf der gewölbten Seite einschneiden und die Maronen in kochendem Salzwasser in etwa 20 Minuten garen. Maronen schälen. Das Kerbelgrün waschen und trocken schütteln.

4 Die Suppe mit einem Pürierstab pürieren und die Sahne unterrühren. Noch einmal mit Salz und Pfeffer abschmecken und mit je 3–4 Maronen in vorgewärmte Suppenteller füllen. Mit Kerbelgrün garniert servieren.

Gemüseeintopf mit Speck

ZUTATEN FÜR 4 PERSONEN

2 Stangen Lauch

1 Karotte

400 g mehlig kochende Kartoffeln

400 g Knollensellerie

8 Scheiben Speck

800 ml Gemüse- oder Hühnerbrühe

1 Rosmarinzweig

Salz

frisch gemahlener Pfeffer

frisch geriebene Muskatnuss

2 EL frisch gehackte Petersilie

ZUBEREITUNGSZEIT: 30 MINUTEN
GARZEIT: 30 MINUTEN

1 Den Lauch waschen, putzen und in Stücke schneiden. Die Karotte schälen, längs halbieren und in dicke Scheiben schneiden. Die Kartoffeln und den Sellerie schälen und würfeln.

2 Die Speckscheiben in einem Topf ohne Öl auslassen, das Gemüse zugeben und kurz mitdünsten. Mit der Gemüse- oder Hühnerbrühe aufgießen.

3 Den Rosmarinzweig zum Gemüse geben und alels zugedeckt 20–30 Minuten schmoren lassen. Mit Salz, Pfeffer und Muskat abschmecken. Zum Schluss mit Petersilie bestreuen und servieren.

Feines Wintergemüse

Blumenkohlauflauf
mit Emmentaler

ZUTATEN FÜR 4 PERSONEN

Butter (zum Einfetten der Form)
800 g Blumenkohlröschen
Salz
200 ml Sahne
100 ml Milch
100 g geriebener Emmentaler
2 Eier
Pfeffer
frisch geriebene Muskatnuss
2 Scheiben Weißbrot ohne Rinde

ZUBEREITUNGSZEIT: 15 MINUTEN
BACKEN: 30 MINUTEN

1 Den Backofen auf 180 °C (Umluft) vorheizen. Eine Auflaufform oder eine ofenfeste Pfanne mit der Butter einfetten.

2 Die Blumenkohlröschen waschen und in Salzwasser etwa 2 Minuten blanchieren. Abschrecken, abtropfen lassen und in die Form füllen.

3 Die Sahne mit der Milch, dem Käse und den Eiern verrühren, mit Salz, Pfeffer und Muskat würzen und die Sahne-Soße über den Blumenkohl gießen.

4 Das Weißbrot klein würfeln, über den Blumenkohl streuen und den Auflauf im vorgeheizten Ofen 25–30 Minuten goldbraun überbacken.

Gemüsekuchen
mit Mandeln

ZUTATEN FÜR 4–6 PERSONEN
2 SPRINGFORMEN,
CA. 15 CM DURCHMESSER

Für den Teig:

250 g Mehl

1 Prise Salz

125 g Butter

1 Ei

Für den Belag:

500 g Brokkoliröschen

500 g Blumenkohlröschen

Salz

300 ml Sahne

5 Eier

125 g geriebener Gruyère

frisch gemahlener Pfeffer

1 Prise frisch gemahlene Muskatnuss

Butter (für die Springformen)

2 EL Mandelblättchen

ZUBEREITUNGSZEIT: 40 MINUTEN
KÜHLZEIT: 30 MINUTEN
BACKZEIT: 40 MINUTEN

1 Das Mehl auf die Arbeitsfläche häufeln, mit Salz mischen und in die Mitte des Mehls eine Mulde drücken. Die kalte Butter in kleine Stücke schneiden, um die Mulde herum verteilen, das Ei in die Mitte geben, etwa 2–3 Esslöffel lauwarmes Wasser zugeben und alles mit dem Messer durchhacken, sodass kleine Teigkrümel entstehen. Mit den Händen rasch zu einem Teig verkneten. Teig zu einer Kugel formen, in Frischhaltefolie wickeln und etwa 30 Minuten kühl stellen.

2 Den Backofen auf 200 °C (Ober- und Unterhitze) vorheizen.

3 Den Brokkoli und den Blumenkohl in kochendem Salzwasser 4–5 Minuten blanchieren, abgießen, kalt abschrecken und abtropfen lassen.

4 Die Sahne mit den Eiern verquirlen, den geriebenen Käse unterrühren und mit Salz, Pfeffer und Muskat würzen.

5 Die Formen mit der Butter einfetten. Den Teig auf einer bemehlten Arbeitsfläche dünn ausrollen und die Springformen damit auskleiden, dabei einen hohen Rand formen.

6 Den Brokkoli und den Blumenkohl darin verteilen und die Eiersahne angießen. Mit den Mandeln bestreuen und im Backofen 35–40 Minuten goldbraun backen.

Pilzbratlinge auf Wirsing

ZUTATEN FÜR 4 PERSONEN

15 g getrocknete Steinpilze
1 altbackenes Brötchen
500 g gemischte Pilze
1 Zwiebel · 1 Ei
75 g Speisequark
Salz · Pfeffer · 1 TL getrockneter Thymian
2 EL Semmelbrösel · 3 EL Öl (zum Braten)
600 g Wirsing · 2 Zwiebeln · 2 EL Öl
150 ml Gemüsebrühe · 1 Prise Muskatnuss
100 g Gorgonzola
2 EL Sahne
2 EL Schnittlauchröllchen
Semmel- oder Kartoffelknödel (als Beilage)

ZUBEREITUNGSZEIT: 40 MINUTEN
GARZEIT: 25 MINUTEN

1 Die Steinpilze fein hacken und in warmem Wasser etwa 20 Minuten einweichen. Das Brötchen in dünne Scheiben schneiden und in Wasser einweichen.

2 Die Pilze putzen, die Zwiebeln schälen und beides klein hacken. Das Öl in einer Pfanne erhitzen und die Zwiebel-Pilz-Mischung darin andünsten, so lange weiterdünsten, bis die Pilze weich sind und die Flüssigkeit weitgehend verdampft ist. Zur Seite stellen und abkühlen lassen.

3 Die Steinpilze und das Brötchen in ein mit einem Baumwolltuch ausgelegtes Sieb abgießen. Das Tuch fest zusammendrehen und die Masse ausdrücken.

4 Die Pilze abtropfen lassen und alles zusammen in eine Schüssel geben.

5 Das Ei, den Quark sowie Salz, Pfeffer und Thymian zugeben und miteinander vermischen. Die Semmelbrösel unterkneten und mit feuchten Händen acht Bratlinge formen.

6 Für das Gemüse den Wirsing putzen, in feine Streifen schneiden, die Zwiebeln schälen und fein hacken und beides in einem Topf im Öl andünsten. Die Brühe aufgießen, alles mit Salz, Pfeffer und Muskat würzen und im geschlossenen Topf etwa 12 Minuten köcheln.

7 In der Zwischenzeit die Bratlinge in einer beschichteten Pfanne im heißen Öl rundum langsam braten.

8 Das Gemüse mit dem Käse und der Sahne abschmecken und den Schnittlauch unterrühren.

9 Gemüse auf Tellern anrichten und mit den Bratlingen und Semmel- oder Kartoffelknödeln servieren.

Kürbis
mit Esskastanien und Zwiebeln

1 Das Kürbisfruchtfleisch in mundgerechte Stücke schneiden und in kochendem Salzwasser etwa 5 Minuten blanchieren. Anschließend durch ein Sieb abgießen und gut abtropfen lassen.

2 Die Esskastanien aus der Verpackung nehmen und zum Kürbis geben. Die Schalotten schälen und in feine Spalten schneiden.

3 Den Thymian waschen und trocken schütteln. In einer Pfanne die Butter mit dem Öl erhitzen. Schalotten zugeben und glasig dünsten.

4 Kürbis, Kastanien und Thymianstängel zufügen und alles unter gelegentlichem Wenden 10–15 Minuten garen. Mit Salz, Pfeffer sowie Ingwer und Muskat abschmecken und heiß servieren.

ZUTATEN FÜR 4 PERSONEN

800 g Kürbisfruchtfleisch

Salz

250 g vorgegarte Esskastanien (Maroni), küchenfertig vorgegart und geschält

5–6 rote Schalotten

½ Bund Thymian

3 EL Butter

1 EL Sonnenblumenöl

frisch gemahlener Pfeffer

Ingwerpulver

1 Prise frisch gemahlene Muskatnuss

ZUBEREITUNGSZEIT: 20 MINUTEN
GARZEIT: 15 MINUTEN

Rosenkohl mit Esskastanien

ZUTATEN FÜR 4 PERSONEN

600 g Rosenkohl

Salz

1 Schalotte

6 junge Knoblauchzehen

200 g Esskastanien (Maroni), küchenfertig vorgegart und geschält

3 EL Traubenkernöl

1 TL Senfkörner

frisch gemahlener Pfeffer

ZUBEREITUNGSZEIT: 30 MINUTEN
GARZEIT: 30 MINUTEN

1 Den Rosenkohl putzen, waschen und den Strunk kreuzförmig einschneiden. In Salzwasser etwa 10 Minuten bissfest garen, abgießen, eiskalt abschrecken und gut abtropfen lassen. Anschließend halbieren.

2 Die Schalotte und die Knoblauchzehen schälen, die Schalotte fein hacken, den Knoblauch halbieren.

3 In einer Pfanne im heißen Öl den Rosenkohl und die Esskastanien anbraten. Die Senfkörner zugeben und 8–10 Minuten unter gelegentlichem Wenden goldbraun braten.

4 Den Knoblauch und die Schalotte untermengen, eventuell etwas Wasser angießen und alles zusammen weitere 5 Minuten fertig garen. Mit Salz und Pfeffer abschmecken.

TIPP

Die Kombination aus Rosenkohl mit Esskastanien ist eine vorzügliche Beilage zu Wildgerichten.

Kürbisrisotto
im ausgehöhlten Kürbis

ZUTATEN FÜR 4 PERSONEN

4 kleine Hokkaido-Kürbisse (á 500 g)
250 g Risottoreis
1 Schalotte
2 Knoblauchzehen
800 ml Gemüsebrühe
4 EL Butter
100 ml trockener Weißwein
1 Lorbeerblatt
1 Stück unbehandelte Zitronenschale
50 g frisch geriebener Parmesan
3 g Safranfäden
Salz
frisch gemahlener Pfeffer

ZUBEREITUNGSZEIT: 35 MINUTEN
GARZEIT: 30 MINUTEN

1 Den Backofen auf 150 °C (Umluft) vorheizen.

2 Die Kürbisse putzen, waschen, den Deckel abschneiden, die Kerne mit einem Löffel herausschaben und danach das Kürbisfleisch herauskratzen. Die ausgehöhlten Kürbisse im vorgeheizten Ofen auf der mittleren Schiene anwärmen. In der Zwischenzeit den Risottoreis zubereiten.

3 Die Schalotte und die Knoblauchzehen schälen und fein würfeln. Das Kürbisfleisch in kleine Würfel schneiden. Die Brühe erwärmen. In einem Topf 2 Esslöffel Butter erhitzen und die Zwiebel- und Knoblauchwürfel darin 1–2 Minuten glasig dünsten.

4 Den Reis und die Kürbiswürfel zugeben, kurz mitdünsten und mit der Hälfte des Weins ablöschen. Diesen vollständig einkochen lassen. Den Vorgang mit dem restlichen Wein wiederholen, dann so viel von der erwärmten Brühe angießen, dass Reis und Kürbis gerade bedeckt sind.

5 Das Lorbeerblatt und die Zitronenschale zum Reis geben. Die Flüssigkeit unter gelegentlichem Rühren fast ganz einkochen lassen, erneut etwas Brühe angießen, umrühren und einkochen lassen. So fortfahren, bis die Brühe aufgebraucht und der Reis in 20–25 Minuten fast fertig gegart ist (er soll noch einen leichten Biss haben).

6 Vor dem Servieren die Zitronenschale und das Lorbeerblatt entfernen, den Parmesan, den Safran sowie die restliche Butter unter den Risotto rühren und mit Salz und Pfeffer abschmecken. Zum Servieren in die ausgehöhlten Kürbisse füllen.

Apfel-Rote-Bete-Gratin
mit Walnüssen

ZUTATEN FÜR 4 PERSONEN

1 OVALE AUFLAUFFORM, 30 CM LANG

3 frische Rote Bete
5 säuerliche Äpfel
3 Eier · 250 ml Sahne
75 g geriebener Parmesan
150 g Crème fraîche · Salz
frisch gemahlener Pfeffer
1 Prise Muskatnuss
30 g Walnusskerne
Fett (zum Einfetten der Form)
1 Stängel Petersilie (zum Garnieren)

ZUBEREITUNGSZEIT: 30 MINUTEN
BACKZEIT: 40 MINUTEN

1 Den Backofen auf 200 °C (Ober- und Unterhitze) vorheizen.

2 Die Roten Beten waschen, schälen (am besten mit Einmalhandschuhen, da die rote Farbe sehr schwer wieder von den Händen geht) und in dünne Scheiben schneiden.

3 Die Äpfel ebenfalls waschen, schälen, mit einem Kernausstecher das Kerngehäuse entfernen und das Fruchtfleisch in dünne Scheiben schneiden.

4 Die Eier mit der Sahne, dem Käse und der Crème fraîche verrühren und mit Salz, Pfeffer und Muskat würzen. Die Walnusskerne grob zerkleinern und unterheben.

5 Die Auflaufform einfetten. Die Apfel- und Rote-Bete-Scheiben dachziegelartig in die Form schichten und die Eier-Sahne-Mischung darübergießen, bis etwa drei Viertel der Äpfel und Roten Bete bedeckt sind.

6 Im vorgeheizten Backofen 35–40 Minuten goldgelb backen. Den Auflauf herausnehmen und mit der Petersilie garniert servieren.

Zwetschgen-Apfel-Kuchen mit Sauerkraut

1 Den Backofen auf 200 °C (Ober- und Unterhitze) vorheizen.

2 Für den Belag die Zwetschgen waschen, entsteinen und in gleich große Spalten schneiden. Die Äpfel waschen, vierteln, entkernen und in möglichst dünne Scheiben schneiden. Das Sauerkraut gut ausdrücken.

3 Die Springform mit der Butter gründlich ausfetten und mit etwas Mehl ausstreuen. Für den Teig die Butter mit dem Zucker cremig rühren. Nach und nach die Eier untermischen und das Mehl unterheben.

4 Das Sauerkraut mit dem Honig verrühren und an die Springformwand drücken. Den Teig gleichmäßig in der Form verteilen und mit den Apfelscheiben und den Zwetschgenspalten belegen.

5 Den Sauerkrautkuchen im vorgeheizten Ofen etwa 45 Minuten backen. Herausnehmen, kurz abkühlen lassen, den Tortenrand von der Form lösen und den noch warmen Kuchen in Stücke geschnitten servieren.

ZUTATEN FÜR 10 STÜCKE

1 SPRINGFORM, DURCHMESSER 22 CM

10 vollreife Zwetschgen

2 mittelgroße Äpfel

Butter (zum Einfetten der Form)

Mehl (zum Bestreuen der Form)

80–100 g Sauerkraut, mild gesäuert

250 g weiche Butter

180 g Zucker

4 Eier · 200 g Mehl

8 EL Honig

ZUBEREITUNGSZEIT: 30 MINUTEN
BACKZEIT: 45 MINUTEN

Gebratene Steckrüben
mit Linsen-Vinaigrette

ZUTATEN FÜR 4 PERSONEN
80 g Beluga-Linsen
1 Karotte
½ Stange Lauch
1 rote Zwiebel
6 EL Olivenöl
2 EL Gemüsebrühe
2 EL Zitronensaft
2 EL Schnittlauchröllchen
Salz
frisch gemahlener Pfeffer
600 g Steckrüben
1 TL Anissamen

ZUBEREITUNGSZEIT: 30 MINUTEN
EINWEICHZEIT: 10 STUNDEN
GARZEIT: 40 MINUTEN

1 Die Linsen in warmem Wasser über Nacht einweichen. Anschließend die Linsen abgießen und in kochendem Salzwasser in 30 Minuten gar kochen.

2 Die Karotte schälen, den Lauch waschen und putzen. Beides in sehr feine Würfel schneiden und in der letzten Kochminute zu den Linsen geben. Alles zusammen durch ein Sieb abgießen, abschrecken und gut abtropfen lassen.

3 Die Zwiebel schälen und ebenfalls sehr fein würfeln. Zusammen mit den Linsen, dem Gemüse in einer Schüssel mit 4 Esslöffeln Öl, der Brühe, dem Zitronensaft und dem Schnittlauch vermengen. Mit Salz und Pfeffer abschmecken.

4 Die Rüben schälen, erst in Scheiben und dann in mundgerechte Stücke schneiden. In einer Pfanne im restlichen Öl unter ständigem Wenden von allen Seiten etwa 8 Minuten braten. Zum Schluss den Anis zugeben und mit Salz und Pfeffer würzen. Steckrüben auf einer Platte anrichten, die Linsenvinaigrette darübergeben und servieren.

Gemüsepfanne
mit Rübchen und Pinienkernen

ZUTATEN FÜR 4 PERSONEN

800 g weiße Rüben, mit Grün
4 Knoblauchzehen
1 Schalotte
100 g Rosinen
30 g Butter
200 g Gemüsebrühe
100 g geschälte Pinienkerne
Salz
frisch gemahlener Pfeffer

ZUBEREITUNGSZEIT: 30 MINUTEN
GARZEIT: 15 MINUTEN

1 Die Rüben waschen, trocken schütteln, putzen und die Blätter von den Stielen entfernen. Die Blätter in feine Streifen und die Rüben in dünne Scheiben schneiden oder hobeln.

2 Den Knoblauch schälen und ebenfalls in Scheiben schneiden. Die Schalotte schälen und fein würfeln. Die Rosinen in lauwarmem Wasser einweichen.

3 In einer Pfanne die Butter erhitzen und den Knoblauch und die Rübenscheiben 3–5 Minuten goldbraun anbraten. Die Rübenblätter zugeben, kurz mitdünsten und mit der Brühe ablöschen. Bei mittlerer Hitze 7–10 Minuten köcheln lassen.

4 Inzwischen die Pinienkerne, ohne Zugabe von Fett, in einer weiteren Pfanne goldbraun anrösten, herausnehmen und beiseitestellen.

5 Das Gemüse mit Salz und Pfeffer abschmecken, die Rosinen und Pinienkerne untermischen, kurz durchschwenken und in der Pfanne angerichtet servieren.

Wirsingroulade
mit Getreide-Bolognese

ZUTATEN FÜR 4 PERSONEN

50 g Weizenkörner · 50 g Gerstenkörner
50 g Haferkörner · 1 rote Zwiebel
2 Knoblauchzehen · 3–4 Zweige Thymian
2 EL Sonnenblumenöl · 1 EL Tomatenmark
400 g geschälte Tomaten (aus der Dose)
200 ml Gemüsefond · Salz
16 große Wirsingblätter
8 Scheiben gekochter Schinken · Pfeffer
Cayennepfeffer
1 EL Butter (zum Einfetten der Form)
175 g geriebener Emmentaler
100 ml Sahne

ZUBEREITUNGSZEIT: 50 MINUTEN
EINWEICHZEIT: 12 STUNDEN
BACKEN: 40 MINUTEN

1 Die Getreidekörner in lauwarmem Wasser über Nacht einweichen. Anschließend in ein Sieb abgießen und gut abtropfen lassen.

2 Die Zwiebel und die Knoblauchzehen schälen und beides fein hacken. Den Thymian waschen, gut trocken schütteln, die Blättchen verlesen und hacken.

3 In einem Topf das Öl erhitzen, Zwiebel und Knoblauch darin andünsten, die eingeweichten Getreidekörner und das Tomatenmark dazugeben und mitdünsten. Mit den geschälten Tomaten aufgießen, diese vorher zerdrücken bzw. zerkleinern. Den Fond angießen und die Mischung mit Salz und den Thymianblättchen würzen. Das Ganze bei kleiner Hitze etwa 30 Minuten köcheln lassen, bis die Getreidekörner weich sind und die Flüssigkeit fast vollständig eingekocht ist.

4 Die Wirsingblätter waschen, den Stiel entfernen und die Blätter in reichlich Salzwasser etwa 6 Minuten blanchieren. Kalt abschrecken und gut abtropfen lassen. Auf einem Küchentuch ausbreiten und die großen Blattrippen flach schneiden. Jeweils zwei Blätter überlappend aneinanderlegen und mit je einer Schinkenscheibe belegen.

5 Den Backofen auf 180 °C (Ober- und Unterhitze) vorheizen.

6 Die Getreide-Bolognese mit Salz, Pfeffer und Cayennepfeffer abschmecken und auskühlen lassen. Auf das untere Drittel der vorbereiteten Wirsingblätter jeweils etwas Getreide-Bolognese streichen, mit etwas Käse bestreuen, die Seiten einschlagen und die Blätter zur Roulade aufrollen.

7 Eine ofenfeste Form mit der Butter einfetten, die Wirsingrouladen hineinlegen, mit dem restlichen Käse bestreuen und mit der Sahne begießen.

8 Die Form mit Alufolie abdecken und im Backofen etwa 40 Minuten backen. Danach den Ofen auf Grillfunktion umstellen, die Alufolie abnehmen und die Rouladen kurz goldbraun übergrillen. In der Form angerichtet servieren.

Pfannkuchen mit Mangold

1 Den Backofen auf 80 °C (Ober- und Unterhitze) vorheizen.

2 Die Milch mit dem Mehl und dem Salz verrühren. Die Eier unterrühren und den Teig etwa 15 Minuten quellen lassen. In einer Pfanne in nicht zu heißer Butter aus dem Teig vier Pfannkuchen goldgelb backen und im vorgeheizten Ofen warm halten.

3 Für die Füllung den Mangold waschen, putzen und das Grün und Weiß hacken. Die Frühlingszwiebeln waschen, putzen und in Ringe schneiden. Den Knoblauch schälen und fein hacken. Mit dem Mangold-Weiß und den Frühlingszwiebeln in heißem Öl 1–2 Minuten andünsten.

4 Die Mangoldblätter und die Salbeiblätter untermengen und weitere 2–3 Minuten fertig garen. Mit Salz und Muskat abschmecken. Die Füllung gleichmäßig auf den Pfannkuchen verteilen und diese noch warm servieren.

ZUTATEN FÜR 4 PERSONEN

etwa 275 ml Milch

150 g Kichererbsenmehl

1 Prise Salz

2 Eier · 2–3 EL Butter

Für die Füllung:

1 großer Mangold · 4 Frühlingszwiebeln

1 Knoblauchzehe · 4 Salbeiblätter, gehackt

2 EL Olivenöl · Salz

frisch geriebene Muskatnuss

ZUBEREITUNGSZEIT: 30 MINUTEN
EINWEICHZEIT: 15 MINUTEN
GARZEIT: 15 MINUTEN

Spitzkohl
mit Gemüsefüllung

ZUTATEN FÜR 4 PERSONEN

2 Köpfe Spitzkohl (á 400 g)
Salz
1 Gemüsezwiebel
2 Knoblauchzehen
2 Karotten
30 g Butter
600 g gemischtes Hackfleisch
1 Ei
3–4 EL Paniermehl
1 EL frisch gehackte Petersilie
Salz
frisch gemahlener Pfeffer
1 TL Kümmelsamen
Fett (zum Einfetten der Form)

ZUBEREITUNGSZEIT: 35 MINUTEN
GARZEIT: 45 MINUTEN

1 Den Backofen auf 200 °C (Ober- und Unterhitze) vorheizen.

2 Den Kohl putzen, waschen, die beiden Köpfe halbieren und in kochendem Salzwasser etwa 7 Minuten blanchieren. Herausnehmen, kalt abbrausen und abtropfen lassen. Die inneren Blätter herausnehmen und in feine Streifen schneiden, die ausgehöhlten Köpfe beiseitestellen.

3 Die Zwiebel, die Knoblauchzehen und die Karotten schälen. Zwiebel und Knoblauch fein würfeln und die Karotten grob raspeln. In einer Pfanne die Butter erhitzen und das Gemüse darin 3–4 Minuten unter ständigem Wenden anbraten.

4 Das Hackfleisch mit dem Ei und dem Paniermehl vermengen und das Gemüse sowie die Petersilie untermischen. Mit Salz, Pfeffer und Kümmel würzen und die Spitzkohlhälften damit befüllen. Diese in eine gefettete, ofenfeste Form legen und im vorgeheizten Ofen 30–35 Minuten backen. Herausnehmen und sofort servieren.

Rosenkohl-Speck-Auflauf
mit Walnüssen

ZUTATEN FÜR 4 PERSONEN

Butter (zum Einfetten der Form)
1,5 kg frischer Rosenkohl · Salz
1 Knoblauchzehe
200 ml Sahne
2 EL Crème fraîche · 3 Eier
100 g geriebener Käse (z. B. Bergkäse)
frisch gemahlener Pfeffer
frisch geriebene Muskatnuss
60 g Speck, in Scheiben · 40 g Walnusskerne

ZUBEREITUNGSZEIT: 25 MINUTEN
GARZEIT: 35 MINUTEN

1 Den Ofen auf 180 °C (Umluft) vorheizen.

2 Eine Auflaufform mit der Butter fetten. Den Rosenkohl waschen, putzen und die Röschen am Strunk kreuzförmig einschneiden. In Salzwasser 8–10 Minuten fast gar kochen. Abschrecken und abgießen.

3 Den Knoblauch schälen, fein hacken und mit der Sahne, der Crème fraîche, den Eiern und der Hälfte vom Käse verrühren. Mit Salz, Pfeffer und Muskat abschmecken.

4 Den Speck in Streifen schneiden. Die Walnüsse grob hacken. Den Rosenkohl in die Form füllen. Die Sahne-Käse-Soße darübergeben und mit den Walnüssen und dem Schinken bestreuen. Den restlichen Käse darauf verteilen.

5 Im vorgeheizten Ofen etwa 25 Minuten backen. Herausnehmen und heiß servieren.

Rotkohl-Zwiebel-Törtchen

mit Thymian

1 Das Mehl mit der Butter, dem Quark und Salz rasch zu einem glatten Teig verkneten. Auf leicht bemehlter Arbeitsfläche dünn ausrollen und die gebutterten Förmchen damit auskleiden. Überstehenden Teig abschneiden. Die Förmchen zugedeckt für mindestens 30 Minuten in den Kühlschrank stellen.

2 Den Backofen auf 200 °C (Ober- und Unterhitze) vorheizen.

3 Den Rotkohl putzen und ohne Strunk in feine Streifen schneiden. Die Zwiebel schälen, fein hacken und in einer Pfanne in der Butter glasig dünsten. Den Honig unterrühren und den Essig sowie die Brühe zugießen und mit Salz, Pfeffer und Nelken würzen. Etwa 10 Minuten bei schwacher Hitze köcheln lassen, dann abkühlen lassen.

4 Die Sahne mit der Milch, dem Frischkäse, der Stärke und den Eiern verquirlen und mit Salz und Pfeffer würzen.

5 Den Rotkohl mit den Nüssen und den Thymianblättchen auf die Förmchen verteilen, die Sahne-Eier-Masse darübergießen. Jedes Förmchen mit Öl beträufeln und im Ofen etwa 25 Minuten backen. Mit Thymianstängeln garniert servieren.

ZUTATEN FÜR 6 STÜCK

100 g Mehl
100 g kalte Butter, in Stücke geschnitten
100 g Quark · 1 Prise Salz
300 g Rotkohl · 1 Zwiebel · 1 EL Butter
1 EL Honig · 2 EL Rotweinessig
200 ml Gemüsebrühe · Salz · Pfeffer
¼ TL Nelkenpulver
50 g gehackte Walnusskerne
2 TL gehackte Thymianblätter
100 ml Sahne · 100 ml Milch · 100 g Frischkäse
1 EL Stärkemehl · 2 Eier
2 EL Olivenöl (zum Beträufeln)
4 Stängel Thymian (zum Garnieren)

ZUBEREITUNGSZEIT: 1 STUNDE

Gemüseauflauf
mit Emmentaler

ZUTATEN FÜR 4 PERSONEN

1 Knoblauchzehe
Butter (zum Einfetten der Form)
400 g festkochende Kartoffeln
2 Karotten
200 ml Sahne
1 EL frische Thymianblättchen
50 g geriebener Emmentaler
2 EL Crème double
Salz
frisch gemahlener Pfeffer
frisch geriebene Muskatnuss

ZUBEREITUNGSZEIT: 20 MINUTEN
BACKZEIT: 30 MINUTEN

1 Den Backofen auf 200 °C (Ober- und Unterhitze) vorheizen.

2 Die Knoblauchzehe schälen. Eine Auflaufform mit der Knoblauchzehe einreiben, anschließend mit der Butter einfetten.

3 Die Kartoffeln schälen, waschen und in dünne Scheiben schneiden oder hobeln.

4 Die Karotten schälen und schräg in dünne Scheiben schneiden oder hobeln. Die Kartoffel- und Karottenscheiben abwechselnd in die Form einschichten.

5 Die Sahne, den Thymian, den Käse und die Crème double verrühren, mit Salz, Muskat und Pfeffer würzen und über die Kartoffeln gießen. Die Kartoffeln sollten knapp bedeckt sein. Nach Bedarf noch etwas Sahne angießen.

6 Den Auflauf im Ofen etwa 30 Minuten goldbraun backen und sofort servieren.

Braten & Deftiges

Schweinekrustenbraten
mit Schmoräpfeln

ZUTATEN FÜR 4–6 PERSONEN)

1,5 kg Schweineschulter (mit Schwarte)
Salz
frisch gemahlener Pfeffer
2 EL Sonnenblumenöl
6 Zwiebeln
6 Zweige Thymian
1 Zweig Rosmarin
8 Äpfel (Cox Orange)
125 ml trockener Cidre
2 EL Hagebuttenkonfitüre

ZUBEREITUNGSZEIT: 20 MINUTEN
GARZEIT: 2 STUNDEN

1 Den Backofen auf 180 °C (Ober- und Unterhitze) vorheizen.

2 Die Schwarte bis zum Fleisch rautenförmig einschneiden und das Fleisch mit Salz und Pfeffer einreiben. In einer Pfanne im heißen Öl rundum scharf anbraten und in einen Bräter setzen. Im vorgeheizten Backofen etwa 2 Stunden braten.

3 Die Zwiebeln schälen und längs in Spalten schneiden. Nach 30 Minuten Bratzeit um das Fleisch legen und etwa 10 Minuten anbräunen lassen. Den Thymian und den Rosmarin abbrausen und trocken schütteln.

4 Die Äpfel waschen und vierteln. Mit dem Rosmarin und dem Thymian zu den Zwiebeln geben, den Cidre angießen und die Konfitüre einrühren. Zusammen weiter schmoren lassen. Falls nötig, etwas Wasser angießen.

5 Den fertigen Braten und die Äpfel vorsichtig herausheben, auf einer Platte anrichten und die Soße mit Salz und Pfeffer abschmecken.

Schweinshaxe
mit Knödel und Sauerkraut

ZUTATEN FÜR 4 PERSONEN

4 Vorderhaxen (à 500 g) · 200 g Zwiebeln
100 g Knollensellerie · 80 g Karotten
80 g Lauch · 3 EL Schweineschmalz
300 ml dunkles Bier · 300 ml Fleischbrühe
Salz · frisch gemahlener Pfeffer · 50 g Zwiebeln
50 g durchwachsener Speck, roh geräuchert
40 g Schweineschmalz · 500 g Sauerkraut
1 Lorbeerblatt · 3 Wacholderbeeren
1 Gewürznelke · 100 ml trockener Weißwein
250 ml Fleischbrühe oder Wasser
1 kg mehlig kochende Kartoffeln · 150 g Mehl
2 Eier · Salz · 1 Prise frisch geriebene Muskatnuss
150 g Speck, in Scheiben · 1 EL Pflanzenöl

ZUBEREITUNGSZEIT: 1 STUNDE
GARZEIT: 2 STUNDEN

1 Den Backofen auf 220 °C vorheizen. Die Haxen mit Salz und Pfeffer einreiben. Die Zwiebeln, den Sellerie und die Karotten schälen und würfeln. Den Lauch putzen, längs aufschneiden, waschen und in Stücke schneiden.

2 Das Schmalz in einem Bräter erhitzen und die Haxen darin rundum 5 Minuten anbraten. Das Gemüse hinzufügen, kurz mitbraten, die Hälfte des Biers und die Brühe dazugeben und das Fleisch im Ofen auf der unteren Schiene 1 Stunde braten; dabei wiederholt mit dem Bratenfond begießen.

3 Für das Sauerkraut die Zwiebeln schälen, halbieren und in Scheiben schneiden. Den Speck in feine Würfel schneiden. Das Schmalz in einem entsprechend großen Topf erhitzen und Zwiebeln und Speck darin andünsten. Das Sauerkraut zugeben und 5 Minuten mitdünsten, dabei mit einer Gabel auflockern. Lorbeer, Wacholder und Nelke einlegen. Wein, Brühe oder Wasser zugießen. Mit Salz und Pfeffer würzen. Den Topf mit einem Deckel schließen und alles 1–1 ½ Stunden garen. Bei Bedarf etwas Wasser zugießen.

4 Für die Knödel die Kartoffeln waschen und in Salzwasser in 25 Minuten gar kochen. Abgießen, ausdampfen lassen, schälen und durch eine Kartoffelpresse drücken. Etwa 100 Gramm Mehl, Eier, Salz und Muskat zugeben und verkneten. Von dem Teig Portionen zu jeweils 70 Gramm abnehmen und daraus mit bemehlten Händen Knödel formen. Knödel in kochendes Salzwasser legen und offen bei schwacher Hitze in 20 Minuten gar ziehen lassen.

5 Die Temperatur für das Fleisch nach 1 Stunde auf 250 °C erhöhen. Die Haxen mit dem restlichen Bier bestreichen und weitere 20 Minuten garen. Danach im abgeschalteten Ofen ruhen lassen. Den Bratensatz passieren, erneut aufkochen und gegebenenfalls mit etwas Mehlbutter (Mehl und Butter im Verhältnis 1:1 miteinander vermengt) abbinden. Den Speck würfeln und in einer Pfanne in dem Öl anbraten.

6 Die fertigen Haxen mit den Knödeln in einer Pfanne anrichten und die Knödel mit den Speckwürfeln bestreuen. Das Sauerkraut in einer Schüssel anrichten und separat dazu reichen

Lammragout
mit Joghurt

1 Das Fleisch waschen, trocken tupfen, parieren und in mundgerechte Würfel schneiden.

2 Die Frühlingszwiebeln waschen, die Enden abschneiden und den Rest in Ringe schneiden.

3 Das Öl in einer Pfanne erhitzen und die Fleischwürfel darin scharf anbraten. Aus dem Topf nehmen und beiseitestellen. Die Frühlingszwiebeln in die Pfanne geben und anbraten, 100 ml Wasser und die Sahne angießen. Das Fleisch wieder zufügen, salzen, pfeffern und bei schwacher Hitze zugedeckt etwa 50 Minuten schmoren lassen.

4 Die Petersilie waschen, trocken schütteln und fein hacken. Die Paprika halbieren, von den Kernen befreien, waschen und in feine Würfel schneiden. Die Paprika etwa 10 Minuten vor Ende der Kochzeit zum Fleisch geben und untermischen.

5 Vor dem Servieren das Ragout mit den Walnüssen und der Petersilie bestreuen, einen großzügigen Klecks Joghurt daraufsetzen und in der Pfanne servieren.

ZUTATEN FÜR 4 PERSONEN

600 g Lammfleisch
5 Frühlingszwiebeln
2 EL Öl
300 ml Sahne
Salz
frisch gemahlener Pfeffer
1 Bund Petersilie
2 rote Paprikaschoten
3 EL fein gehackte Walnusskerne
100 g Sahnejoghurt

ZUBEREITUNGSZEIT: 30 MINUTEN
GARZEIT: 1 STUNDE

Fleischpastete
mit Champignons und Kräutern

ZUTATEN FÜR 8 STÜCKE

PASTETENFORM MIT 26 CM DURCHMESSER

400 g TK-Blätterteigplatten

Mehl (zum Arbeiten)

Butter (zum Einfetten der Form)

4 Scheiben Toastbrot

1 Zwiebel

300 g frische Champignons

1 EL Olivenöl

1 kg gemischtes Hackfleisch

2–3 getrocknete eingelegte Tomaten, fein gehackt

2 Eier

2 TL getrocknete mediterrane Kräuter

Salz

frisch gemahlener Pfeffer

Semmelbrösel, nach Bedarf

1 Eigelb

2 EL Wasser

ZUBEREITUNGSZEIT: 30 MINUTEN
BACKZEIT: 1 STUNDE

1 Den Backofen auf 200 °C (Ober- und Unterhitze) vorheizen.

2 Die Blätterteigplatten nebeneinanderlegen und auftauen lassen. Die Hälfte davon mit Wasser einstreichen, aufeinanderlegen und auf einer bemehlter Arbeitsfläche mit einem Teigroller etwas größer als die Pastetenform auswellen. Die Form einfetten, mit dem Teig auslegen und kühl stellen.

3 Für die Füllung die Toastbrotscheiben in lauwarmem Wasser einweichen, ausdrücken und in eine Schüssel geben. Die Zwiebel schälen und fein hacken. Die Champignons putzen, in feine Scheiben schneiden und etwas durchhacken. Beides in einer Pfanne im heißen Öl andünsten. Die entstandene Flüssigkeit abgießen. Zusammen mit dem Hackfleisch zum Brot geben.

4 Die gehackten Tomaten, die Eier und die Kräuter zufügen, mit Salz und Pfeffer würzen und alles gut miteinander vermengen. Gegebenenfalls etwas Semmelbrösel untermengen, falls die Masse zu feucht ist.

5 Die Hackfleischmasse gleichmäßig auf dem Teig in der Form verteilen. Den restlichen Teig ebenso wie den Boden ausrollen und auf die Größe der Pastetenform zuschneiden. Die Quiche mit der Teigplatte abdecken und den überstehenden Rand des unteren Bodens nach oben etwas einschlagen und zusammendrücken.

6 Aus der Teigmitte ein kleines Dreieck ausstechen. Das Eigelb mit Wasser verquirlen und die Teigoberfläche damit bestreichen. Die Pastete im Ofen etwa 1 Stunde backen. Nach Bedarf mit Alufolie abdecken. Herausnehmen, etwas abkühlen lassen und servieren.

Schweinebraten
mit Kräutern und Fenchel

ZUTATEN FÜR 4 PERSONEN

1 kg Schweinerücken, mit Schwarte

2 Stängel Basilikum

2 Zweige Thymian

4 Stängel Blattpetersilie

2 Zweige Rosmarin

6 EL Olivenöl

2 EL Pflanzenöl (zum Einfetten der Form)

400 ml Fleischbrühe

2 Knollen Fenchel

Salz

frisch gemahlener Pfeffer

ZUBEREITUNGSZEIT: 35 MINUTEN
GARZEIT: 1 STUNDE 45 MINUTEN

1 Den Backofen auf 180 °C (Umluft) vorheizen.

2 Das Fleisch waschen, gut trocken tupfen und auf der Arbeitsfläche ausbreiten. Die Kräuter waschen, trocken schütteln, die Blätter verlesen und fein hacken. Blätter mit dem Öl vermischen und auf die Fleischseite streichen. Alles fest einrollen, mit Küchengarn zusammenbinden und in einen geölten Bräter legen. Die Schwarte rautenförmig einschneiden und im vorgeheizten Ofen etwa 45 Minuten braten. Nach Bedarf ein wenig Brühe zufügen und die Schwarte mehrfach damit übergießen.

3 Den Fenchel putzen, gegebenenfalls waschen und in etwa 1 cm dicke Scheiben schneiden. Diese um den Braten herum verteilen. Jetzt die Schwarte nicht mehr mit Flüssigkeit übergießen, salzen, pfeffern und im Ofen in etwa 1 Stunde fertig garen.

4 Den fertigen Braten herausnehmen, von dem Küchengarn befreien, in Scheiben schneiden und zusammen mit dem Fenchel angerichtet servieren. Dazu passt ein frischer Apfel-Sellerie-Salat.

Hackbraten
im Polentamantel

ZUTATEN FÜR 4–6 PERSONEN

1 altbackenes Brötchen
1 Zwiebel
800 g gemischtes Hackfleisch
4 EL Butter
1 Ei
50 g schwarze Oliven, entsteint und fein gehackt
1 TL Senf
Salz
frisch gemahlener Pfeffer
500 ml Fleischbrühe
200 g Polenta (Maisgrieß)
50 g frisch geriebener Parmesan
frisch geriebene Muskatnuss
1 Aubergine
2 Zucchini
1 kleine Zwiebel
2 EL Olivenöl
4 Tomaten
1 TL frisch gehackter Thymian

ZUBEREITUNGSZEIT: 40 MINUTEN
GARZEIT: 1 STUNDE

1 Den Backofen auf 160 °C (Umluft) vorheizen.

2 Das Brötchen etwa 15 Minuten in etwas Wasser einweichen und danach gut ausdrücken. Die Zwiebel schälen, fein hacken und in einer Pfanne in 2 Esslöffeln Butter glasig andünsten.

3 Das Hackfleisch in einer Schüssel mit der Zwiebel, dem eingeweichten Brötchen, dem Ei, gehackten Oliven und Senf gut verkneten. Mit Salz und Pfeffer würzen und zu einem Laib formen. Auf ein mit Backpapier belegtes Backblech legen und im Ofen etwa 45 Minuten backen.

4 Die Fleischbrühe aufkochen, langsam die Polenta und den geriebenen Parmesan einrühren. Das Ganze so lange unter Rühren kochen, bis eine dicke Masse entsteht. Die restliche Butter zugeben und mit Salz, Pfeffer und Muskat würzen.

5 Den Hackbraten aus dem Ofen nehmen, mit der Masse einstreichen und den Braten weitere etwa 15 Minuten im Backofen goldbraun backen.

6 Das Gemüse waschen bzw. putzen, schälen und alles in Scheiben schneiden. Aubergine , Zucchini und Zwiebel in einer Pfanne in dem Öl 4–5 Minuten andünsten. Dann die Tomatenscheiben und den Thymian zugeben. Vom Herd nehmen, gar ziehen lassen und mit Salz und Pfeffer abschmecken. Gemüse in eine Servierschüssel füllen, den Hackbraten schräg anschneiden, auf das Gemüse legen und heiß servieren.

Rinderschmorbraten
mit Glühweinsoße

ZUTATEN FÜR 4 PERSONEN

1,5 kg Rinderschulter
Salz
frisch gemahlener Pfeffer
2 Karotten
¼ Knolle Sellerie
1 Gemüsezwiebel
2 Knoblauchzehen
30 g Butterschmalz
1 EL Tomatenmark
500 ml trockener Rotwein
1 l Rinderfond
2 Kardamonkapseln
3 Gewürznelken
1 Zimtstange
1 Sternanis
Mark von 1 Vanilleschote
3 Lorbeerblätter
2 EL Mehl
2 EL weiche Butter

ZUBEREITUNGSZEIT: 45 MINUTEN
GARZEIT: 3 STUNDEN

1 Das Fleisch waschen, trocken tupfen und rundum mit Salz und Pfeffer einreiben.

2 Die Karotten, den Sellerie, die Zwiebel und den Knoblauch schälen und grob würfeln.

3 In einem Bräter das Butterschmalz erhitzen und das Fleisch von allen Seiten scharf anbraten. Herausnehmen, beiseitelegen.

4 Das Gemüse in den Bräter geben und 4–5 Minuten unter Wenden anbraten, das Tomatenmark zugeben und mit der Hälfte des Weins ablöschen. Vollständig reduzieren lassen, dabei den Bratensatz lösen und den restlichen Rotwein sowie den Fond angießen.

5 Das Fleisch wieder zurück in den Bräter legen und mit geschlossenem Deckel bei mittlerer Hitze 1 ½–2 Stunden schmoren lassen. Die Gewürze zugeben und eine weitere Stunde köcheln lassen. Das fertige Fleisch aus der Soße nehmen und kurz warm halten.

6 Die Soße durch ein feines Haarsieb in einen anderen Topf passieren, aufkochen lassen und mit etwas Mehlbutter (Mehl und weiche Butter im Verhältnis 1:1 vermengt) abbinden. Kurz erhitzen.

7 Das Fleisch in Scheiben schneiden und auf einer Platte anrichten. Mit etwas heißer Soße übergießen. Dazu frische Spätzle servieren.

Gespickter Rinderbraten
mit Orangen

ZUTATEN FÜR 4 PERSONEN

1,3 kg Rinderbraten, vom Metzger mit rohem Schinken gespickt

400 ml trockener Rotwein

3 EL Rotweinessig

2 Lorbeerblätter · 5 Wacholderbeeren

1 TL Thymianblättchen · 2 Zwiebeln

100 g Knollensellerie

2 Karotten · Salz

frisch gemahlener Pfeffer · 2 EL Pflanzenöl

1 kleine Orange, in Scheiben geschnitten

ZUBEREITUNGSZEIT: 30 MINUTEN
GARZEIT: 1 STUNDE 30 MINUTEN

1 Den Rotwein mit Essig und 200 ml Wasser einmal aufkochen lassen und kalt stellen.

2 Das Fleisch mit Lorbeer, Wacholderbeeren und Thymian in ein Gefäß legen und mit dem Rotweinsud übergießen. Zugedeckt 2 Tage kühl stellen.

3 Die Zwiebeln, den Sellerie und die Karotten schälen, in feine Würfel schneiden und beiseite stellen.

4 Das Fleisch aus der Marinade nehmen und trocken tupfen. Mit Salz und Pfeffer rundum einreiben. In einem Bräter das Öl erhitzen und das Fleisch darin von allen Seiten scharf anbraten.

5 Das vorbereitete Gemüse sowie die Orangenscheiben zum Fleisch geben, mit der Hälfte der Marinade aufgießen und die Gewürze zugeben. In den vorgeheizten Ofen stellen und etwa 1 ½ Stunden braten, dabei immer wieder mit dem Bratenfond und der übrigen Marinade begießen.

6 Den Braten aus dem Ofen nehmen, die Soße noch einmal abschmecken und durchrühren. Fleisch und Soße im Bräter servieren.

Rinderfilet
mit Esskastanienpüree und Gemüse

1 Das Rinderfilet waschen, trocken tupfen, parieren und in vier gleich große Medaillons schneiden.

2 Für das Püree die Esskastanien kreuzweise einschneiden und in der Pfanne oder im heißen Backofen (220 °C Ober-/ Unterhitze) rösten, bis die Schale gebräunt und das Innere goldgelb und leicht angeröstet ist. Kastanien leicht abkühlen lassen (4 Stück beiseitelegen), schälen und grob hacken.

3 Die Kartoffeln schälen, waschen, in grobe Stücke schneiden und in wenig Salzwasser weich garen, abgießen und kurz ausdampfen lassen.

4 Die Schalotten schälen und fein hacken. In einer Pfanne in 1 Esslöffel heißer Butter glasig schwitzen, zwei Drittel der gehackten Kastanien dazugeben, die Sahne und die Butter einrühren und alles einmal aufkochen lassen. Mit dem Mixer nicht zu fein pürieren. Die restlichen Kastanien zugeben und die gegarten Kartoffeln direkt dazupressen. Das Püree mit Crème fraîche, Zitronensaft, Salz, Pfeffer und etwas Muskat abschmecken und warm halten.

5 Den Backofen auf 180 °C (Umluft) vorheizen. Die Medaillons mit Salz und Pfeffer würzen, etwas flach drücken und in einer heißen Pfanne mit dem Schmalz von jeder Seite scharf anbraten. Die Medaillons auf ein mit Backpapier belegtes Backblech setzen und im Ofen 15 Minuten fertig garen.

6 Den Bratensatz mit dem Wein und dem Fond ablöschen und etwas reduzieren lassen. Gegebenenfalls mit Mehlbutter (Mehl und Butter im Verhältnis 1:1 vermengt) binden.

7 Die Karotten schälen und mit einem Sparschäler feine Scheiben abziehen. Die Zucchini waschen, putzen und in grobe Stücke bzw. Streifen schneiden. Den Knoblauch schälen und fein hacken. In einer Pfanne die Butter erhitzen und den Knoblauch mit dem Gemüse unter Schwenken, 4–5 Minuten braten. Mit Salz und Pfeffer würzen.

8 Die Medaillons aus dem Ofen nehmen, kurz ruhen lassen und zusammen mit dem Kastanien-Kartoffel-Püree und dem Gemüse auf vorgewärmten Tellern anrichten. Mit Soße beträufeln und mit Petersilie bestreut servieren.

ZUTATEN FÜR 4 PERSONEN

1 Rinderfilet (600 g)

400 g Esskastanien

500 g mehlig kochende Kartoffeln

Salz · 1 EL Schalotten · 70 g Butter

50 ml Sahne

1–2 EL Creme fraîche · 1–2 EL Zitronensaft

frisch gemahlener Pfeffer · 1 Prise Muskatnuss

30 g Butterschmalz · 150 ml Rotwein

150 ml Rinderfond · 1 EL Mehl

1 EL weiche Butter · 3 Karotten · 2 Zucchini

2 Knoblauchzehen · 30 g Butter

2 EL frisch gehackte Petersilie

ZUBEREITUNGSZEIT: 1 STUNDE
GARZEIT: 50 MINUTEN

Rinderbraten
mit Orangen, Kürbis und Gorgonzola

ZUTATEN FÜR 4 PERSONEN

1,5 kg Rindfleisch (Hochrippe)
3 Knoblauchzehen
3 Zweige Thymian
5 EL Olivenöl · Salz
frisch gemahlener Pfeffer
Fett (für den Bräter)
300 g Kürbisfruchtfleisch
2 unbehandelte Orangen
frisch geriebene Muskatnuss
3 EL Olivenöl
2 EL Honig
150 g Gorgonzola

ZUBEREITUNGSZEIT: 30 MINUTEN
GARZEIT: 1 STUNDE 30 MINUTEN

1 Den Backofen auf 200 °C (Ober- und Unterhitze) vorheizen.

2 Das Fleisch waschen, trocken tupfen und parieren. Den Knoblauch schälen und fein würfeln. Den Thymian waschen, trocken schütteln, die Blätter verlesen und hacken. Das Öl mit dem Knoblauch, dem Thymian, Salz und Pfeffer mischen und das Fleisch rundum damit einreiben. Das Fleisch in einen gefetteten Bräter setzen und im vorgeheizten Ofen 35–40 Minuten braten. Das Fleisch wenden und weitere 50 Minuten braten.

3 Inzwischen das Kürbisfruchtfleisch in mundgerechte Stücke schneiden. Die Orangen heiß abwaschen und in Scheiben schneiden. Zusammen mit dem Kürbis auf ein mit Backpapier belegtes Backblech legen und mit Salz, Pfeffer und Muskat würzen. Olivenöl und Honig mischen und damit Kürbiswürfel und Orangenscheiben beträufeln und im vorgeheizten Backofen etwa 30 Minuten backen.

4 Den fertigen Braten herausnehmen, in Scheiben schneiden und in einer Gratinform anrichten. Den Kürbis und die Orangenscheiben drumherum verteilen. Den Braten mit etwas Bratensaft beträufeln und mit einer Ecke Gorgonzola belegen. Sofort servieren.

Lammschulter
mit Rosmarin

1 Den Ofen auf 150 °C (Unter- und Oberhitze) vorheizen.

2 Das Fleisch waschen und trocken tupfen. Den Knoblauch schälen und fein hacken.

3 Von zwei Rosmarinzweigen die Nadeln abzupfen und hacken. Die Zwiebeln schälen. Die Karotten und den Sellerie schälen und würfeln. Den Knoblauch und den gehackten Rosmarin mit 3 Esslöffeln Öl verrühren und damit das Fleisch rundum einreiben. Die Innenseite mit Salz und Pfeffer würzen, das Fleisch einrollen und mit Küchengarn zu einem Rollbraten binden. Die Außenseite mit Salz und Pfeffer würzen.

4 In einem Bräter das restliche Öl erhitzen und den Braten von allen Seiten scharf anbraten. Wieder herausnehmen und Zwiebeln, Karotten und Sellerie in den Bräter geben.

5 Gemüse mit dem Weißwein ablöschen und das Fleisch auf das Gemüse legen. Etwas Fond angießen und die restlichen Rosmarinzweige dazulegen.

6 Lammbraten im Ofen 2,5 Stunden schmoren lassen. Nach Bedarf immer wieder etwas Fond angießen und den Braten ab und zu wenden. Vor dem Servieren die Soße mit Salz und Pfeffer abschmecken und das Küchengarn entfernen. Die Soße nach Belieben passieren.

ZUTATEN FÜR 4–6 PERSONEN

1,2 kg Lammschulter, ausgelöst

4 Knoblauchzehen

4 Zweige Rosmarin

500 g kleine Zwiebeln

2 Karotten

200 g Knollensellerie

5 EL Olivenöl

Salz

frisch gemahlener Pfeffer

200 ml trockener Weißwein

400 ml Lammfond

ZUBEREITUNGSZEIT: 25 MINUTEN
GARZEIT: 2 STUNDEN 30 MINUTEN

Kalbsbrust
mit Kartoffel-Champignon-Füllung

ZUTATEN FÜR 6–8 PERSONEN

2 kg Kalbsbrust (vom Metzger eine Tasche in das Fleisch schneiden lassen)
300 g festkochende Kartoffeln
2 altbackene Brötchen
100 g Champignons
1 Zwiebel
1 Knoblauchzehe
3 EL Butter
1 Bund Petersilie
1 EL gehackte Majoranblättchen
50 g Pistazienkerne
Salz
frisch gemahlener Pfeffer
60 ml Sahne
2 Eier
100 g Knollensellerie
1 Stange Lauch
2 Tomaten
1 Karotte
2 Zwiebeln
1 Lorbeerblatt
1 Zweig Majoran
300 ml Kalbsfond

ZUBEREITUNGSZEIT: 45 MINUTEN
GARZEIT: 2 STUNDE 50 MINUTEN

1 Den Backofen auf 220 °C (Ober- und Unterhitze) vorheizen.

2 Das Fleisch waschen und trocken tupfen. Die Kartoffeln schälen, waschen, würfeln, etwa 5 Minuten in kochendem Salzwasser vorgaren. Danach gut abtropfen lassen und beiseitestellen

3 Die Brötchen in dünne Scheiben schneiden und in eine Schüssel geben. Die Pilze putzen und fein würfeln. Die Zwiebel und den Knoblauch schälen, fein würfeln und in 1 Esslöffel Butter glasig dünsten. Die Pilze dazugeben und mitbraten, bis die Flüssigkeit verdampft ist.

4 Petersilie waschen, trocken schütteln, Bätter verlesen und fein hacken. Petersilie, Majoran, und Pistazien zu den Brötchen geben. Die Kartoffeln dazugeben und mit Salz und Pfeffer würzen. Die Sahne und die Eier verquirlen, über die Kartoffelmasse gießen, alles mischen und etwa 10 Minuten ziehen lassen. Die Kartoffelmasse in die Kalbsbrust geben und diese mit Küchengarn verschließen.

5 Sellerie, Lauch, Tomaten und Karotte waschen und putzen. Die Karotte und die Zwiebeln schälen und alles grob zerkleinern. Das Gemüse mit dem Lorbeerblatt und dem Majoran in einen großen Bräter geben, die Kalbsbrust daraufsetzen, mit der restlichen Butter einpinseln, salzen und pfeffern. Im vorgeheizten Ofen etwa 15 Minuten braten, dann die Ofentemperatur auf 180 Grad reduzieren, etwas Fond angießen und weitere 2 Stunden schmoren. Das Fleisch zwischendurch immer wieder mit dem restlichen Fond beträufeln.

6 Die fertige Kalbsbrust vorsichtig auf ein Backblech setzen und weitere 30 Minuten im ausgeschalteten Ofen ruhen lassen. Den Bräter auf den Herd stellen und die Flüssigkeit einkochen lassen. Das Gemüse abschmecken. Das Fleisch in dicke Scheiben schneiden und mit dem Gemüse und der Soße servieren.

Kalbsröllchen
mit Schinken und Salbei

1 Die Schnitzel waschen, trocken tupfen und, falls nötig, noch etwas flach klopfen. Mit Salz und Pfeffer würzen und mit den Schinkenscheiben sowie dem Salbei belegen.

2 Den Mozzarella in Stücke schneiden und auf Schinkenscheiben und Salbeiblättern verteilen. Die Schnitzel aufrollen und mit Zahnstochern fixieren.

3 Die Röllchen in einer Pfanne in dem heißen Olivenöl von allen Seiten 4–5 Minuten braten und heiß servieren.

ZUTATEN FÜR 4 PERSONEN

8 dünne Kalbsschnitzel (à 80 g)
Salz
frisch gemahlener Pfeffer
8 Scheiben Parmaschinken
8 große Salbeiblätter
125 g Mozzarella
3 EL Olivenöl

ZUBEREITUNGSZEIT: 15 MINUTEN
GARZEIT: 5 MINUTEN

Zitronenbrathähnchen
mit Kartoffeln

1 Das Hähnchen waschen und trocken tupfen. Die Zitronen heiß abwaschen, vierteln und das Hähnchen damit befüllen.

2 Salbei, Thymian und Rosmarin waschen, gut trocken schütteln, die Blätter von Salbei und Thymian sowie die Rosmarinnadeln verlesen und fein hacken. Mit dem Olivenöl mischen, mit Salz und Pfeffer würzen und das Hähnchen mit der Kräutermarinade rundum einreiben.

3 Die Kartoffeln gründlich waschen, in Spalten schneiden und mit der restlichen Kräutermarinade mischen.

4 Das Hähnchen in einen gefetteten Bräter legen und für etwa 50 Minuten in den vorgeheizten Backofen schieben. Nach etwa 20 Minuten die Kartoffelspalten zum Hähnchen geben. Das Fleisch ab und zu mit Bratensatz beträufeln.

5 Das fertige Hähnchen mit den Kartoffeln, dem Salbei und den Zitronenspalten in dem Bräter anrichten und servieren.

ZUTATEN FÜR 4 PERSONEN

1 Brathähnchen (etwa 1,7 kg)

2 unbehandelte Zitronen

2 Zweige Salbei · 2 Zweige Thymian

2 Zweige Rosmarin

8 EL Olivenöl · Salz

frisch gemahlener Pfeffer

500 g festkochende Kartoffeln

Fett (für den Bräter)

2 Zweige Salbei (zum Garnieren)

1 unbehandelte Zitrone, in Spalten geschnitten (zum Garnieren)

ZUBEREITUNGSZEIT: 40 MINUTEN
GARZEIT: 50 MINUTEN

Brathähnchen
mit Pflaumen-Aprikosen-Füllung

ZUTATEN FÜR 4 PERSONEN

600 g reife Pflaumen
200 g frische Aprikosen
2 EL Zitronensaft
frisch gemahlener Pfeffer
1 Prise Nelkenpulver
1 Hähnchen, küchenfertig (1,5 kg)
Butter (zum Fetten der Form)
2 frische Knollen Knoblauch
250 ml Hühnerbrühe
200 ml Rotwein (oder Rosé)
1 Vanilleschote
1 EL Apfelsaft
2 EL Apfelgelee
Salz

ZUBEREITUNGSZEIT: 30 MINUTEN
SCHMORZEIT: 1 STUNDE

1 Den Backofen auf 200 °C (Ober- und Unterhitze) vorheizen.

2 Die Pflaumen und Aprikosen waschen, halbieren, entsteinen und das Fruchtfleisch grob hacken. Mit dem Zitronensaft, Pfeffer und Nelkenpulver würzen und das Hähnchen mit dem Fruchtfleisch füllen. Hähnchenbrust mit einem Holzspießchen verschließen. restliche Früchte beiseite stellen.

3 Das Hähnchen in eine ausgefettete Bratreine setzen. Knoblauchknollen halbieren und mit den restlichen Früchten darum verteilen. Die Brühe und den Wein zugießen und das Hähnchen im vorgeheizten Backofen etwa 45 Minuten garen.

4 Die Vanilleschote aufschlitzen, das Mark herausschaben und mit dem Apfelsaft sowie dem Gelee verrühren. Das Hähnchen aus dem Ofen nehmen, damit einstreichen, salzen, pfeffern und die Vanilleschote in die Bratflüssigkeit legen.

5 Das Hähnchen weitere 15 Minuten im Backofen bräunen. Aus der Bratflüssigkeit nehmen und im ausgeschalteten Ofen warm halten. Die Bratflüssigkeit durch ein Sieb abgießen und nach Belieben binden. Hähnchen mit der Soße servieren.

Maispoularde
mit Aprikosen und Cranberries

ZUTATEN FÜR 4 PERSONEN

1 Maispoularde (etwa 1,4 kg)
200 g frische Aprikosen
2 Knoblauchzehen
150 g Mandelstifte
2 cl Aprikosenlikör
1 EL gehackte Rosmarinnadeln
Salz
frisch gemahlener Pfeffer
4 rote Zwiebeln
2 Karotten
200 g Süßkartoffeln
Olivenöl
1 Stange Lauch
200 g Cranberries
2 Zweige Rosmarin
250 ml Gemüsebrühe

ZUBEREITUNGSZEIT: 30 MINUTEN
GARZEIT: 1 STUNDE 10 MINUTEN

1 Den Backofen auf 180 °C (Umluft) vorheizen. Die Poularde waschen und trocken tupfen.

2 Für die Füllung die Aprikosen waschen, halbieren, entsteinen und grob würfeln. Den Knoblauch schälen und fein hacken. Aprikosen, Mandeln sowie Knoblauch in einer Schüssel mit dem Likör und dem Rosmarin vermengen.

3 Die Poularde innen salzen und pfeffern und die Füllung hineingeben. Hähnchenbrust mit Zahnstocher verschließen.

4 Die Zwiebeln, die Karotten und die Süßkartoffeln schälen und klein würfeln. Zusammen in einen Bräter geben und mit Olivenöl beträufeln.

5 Die Poularde salzen, pfeffern und mit der Brust nach oben auf das Gemüse legen. Mit Öl einpinseln und im Backofen 25 Minuten braten.

6 Den Lauch waschen, putzen und ebenfalls in kleine Stücke schneiden. Die Cranberries waschen und gut abtropfen lassen. Wenn das Gemüse schon leicht bräunt, den Lauch, die Rosmarinzweige und die Cranberries zum Fleisch geben und etwas Brühe angießen. Weitere 45 Minuten braten und die Poularde dabei immer wieder mit Bratenflüssigkeit übergießen. Nach Bedarf noch etwas Brühe zufügen.

7 Den Bräter herausnehmen. Die Soße mit etwas Salz und Pfeffer abschmecken, Zahnstocher entfernen und die Poularde mit dem Gemüse im Bräter servieren.

Geschmortes Hühnchen
im Weinsud

ZUTATEN FÜR 4 PERSONEN

60 g Speck, in Scheiben · 2 Zwiebeln
2 Stangen Sellerie · 2 Karotten
200 ml Geflügelfond
200 ml französischer Rotwein (z. B. Burgunder)
1 Knoblauchzehe · 1 Lorbeerblatt
2 Zweige Thymian · 4 Wacholderbeeren
1 TL Pfefferkörner · 1 Hähnchen (etwa 1,2 kg)
Salz · frisch gemahlener Pfeffer
2 Stängel Blattpetersilie · 150 g Champignons
2 EL Butter · 150 g Perlzwiebeln

ZUBEREITUNGSZEIT: 35 MINUTEN
GARZEIT: 50 MINUTEN

1 Den Speck in feine Streifen schneiden und in einer nicht zu heißen Pfanne langsam auslassen.

2 Die Zwiebeln, den Sellerie und die Karotten schälen. Die Zwiebeln in Streifen schneiden, den Sellerie und die Karotten in Scheiben schneiden. Die Hälfte des Gemüses mit zu dem Speck geben, mitdünsten und mit der Hälfte des Fonds sowie des Weins ablöschen.

3 Den Knoblauch schälen und mit dem Lorbeerblatt, dem Thymian, den Wacholderbeeren und den Pfefferkörnern unter das restliche Gemüse mengen. Mit dem restlichen Wein und Fond vermengen und alles in die Pfanne geben.

4 Das Hähnchen waschen, trocken tupfen und in acht Teile schneiden. Salzen und pfeffern. Auf das Rotwein-Gemüse legen und zugedeckt etwa 30 Minuten schmoren lassen.

5 Die Petersilie waschen, trocken schütteln, die Blätter verlesen, fein hacken und zum Hähnchen geben.

6 Die Pilze putzen und in einer Pfanne in der heißen Butter andünsten. Mit den Perlzwiebeln zu dem Hähnchen geben und alles weitere 10 Minuten zugedeckt schmoren lassen.

7 Die Soße noch einmal mit Salz und Pfeffer abschmecken. Die Hähnchenteile mit der Soße auf vorgewärmten Tellern anrichten und servieren.

Entenbrust
mit Sauerkraut und Kräuterklößen

1 Den Backofen auf 250 °C (Ober- und Unterhitze) vorheizen.

2 Die Kartoffeln schälen, waschen und in kochendem Salzwasser 25–30 Minuten garen. Abgießen, ausdampfen lassen und noch heiß durch eine Kartoffelpresse drücken. Auskühlen lassen.

3 Die Entenbrüste waschen, trocken tupfen und mit Salz und Pfeffer würzen. In einer Pfanne ohne Fett auf der Hautseite goldbraun anbraten. Wenden und etwa 1 Minuten auf der anderen Seite braten. Aus der Pfanne nehmen und auf ein mit Backpapier belegtes Backblech setzen.

4 Den Apfel waschen, halbieren, das Kernhaus entfernen und das Fruchtfleisch in Würfel schneiden. Die Zwiebel schälen und fein hacken. In einem Topf 1 Esslöffel Butter erhitzen, dann den Apfel und die Zwiebel darin andünsten.

5 Das Sauerkraut, den Wacholder, den Lorbeer, 1 Teelöffel Zucker und den Kümmel zu Apfel und Zwiebel geben. Den Apfelwein und 150 ml Wasser angießen und 15 Minuten bei mittlerer Hitze köcheln lassen.

6 Basilikum, Thymian sowie Petersilie waschen, trocken schütteln, die Blätter verlesen und fein hacken. Die durchgepressten Kartoffeln mit dem Ei, dem Mehl und den Kräutern verkneten und mit Salz, Pfeffer und Muskat würzen (der Teig sollte nicht mehr feucht sein).

7 Den Kartoffelteig auf einer bemehlten Arbeitsfläche zu einer 2 cm dicken Rolle formen und diese in 1,5 cm breite Stücke schneiden. Jedes Stück mit dem Gabelrücken andrücken und in kochendem Salzwasser 10 Minuten garen. Sobald die Gnocchis oben schwimmen, mit einer Siebkelle abschöpfen und in einer Pfanne in der heißen zerlassenen Butter schwenken.

8 Die Entenbrüste in den vorgeheizten Ofen schieben und in 7–10 Minuten garen. Herausnehmen, kurz ruhen lassen, in Scheiben schneiden. Mit dem Apfel-Sauerkraut auf vorgewärmten Tellern anrichten. Die Kräutergnocchi dazu reichen.

ZUTATEN FÜR 4 PERSONEN

400 g mehlig kochende Kartoffeln · Salz

4 Entenbrüste (á 180 g) · Pfeffer

1 Apfel · 1 Zwiebel · 3 EL Butter

1 Dose Sauerkraut (770 g Abtropfgewicht)

5–6 Wacholderbeeren · 2 Lorbeerblätter

1 TL Zucker · 1–2 EL Kümmel

150 ml Apfelwein (ersatzweise Weißwein oder Apfelsaft)

80 g Butterschmalz

2 Stängel Basilikum · 1 Zweig Thymian

1 Stängel Petersilie · 1 Ei · 150 g Mehl

1 Prise frisch geriebene Muskatnuss

Mehl (für die Arbeitsfläche) · 40 g Butter

ZUBEREITUNGSZEIT: 1 STUNDE
GARZEIT: 55 MINUTEN

Fasan im Speckmantel
auf Rotkohl

ZUTATEN FÜR 4 PERSONEN

1 Zwiebel
2 küchenfertige Fasane (à 500 g)
Salz
frisch gemahlener Pfeffer
2 Knollen Knoblauch
2 Zweige Thymian
1 Zweig Rosmarin
1 Stängel Beifuß
250 g Speck, in dünnen Scheiben
4 EL Olivenöl
300 ml trockener Weißwein
1 Rotkohl (1 kg)
1 Apfel
40 g Butterschmalz
1 EL Zucker
125 ml Rotweinessig
125 ml trockener Rotwein
1 Zwiebel
4 Gewürznelken
1 Lorbeerblatt
½ Zimtstange
1 EL Preiselbeeren
Salz

ZUBEREITUNGSZEIT: 45 MINUTEN
GARZEIT: 1 STUNDE

1 Den Backofen auf 160 °C (Umluft) vorheizen.

2 Die Zwiebel schälen und fein würfeln. Die Fasane waschen, trocken tupfen und außen mit Salz und Pfeffer einreiben. Die Knoblauchknollen mit dem Thymian, dem Rosmarin und dem Beifuß in den Fasanenbauch schieben. Die Fasane rundum in Speckscheiben hüllen und mit Küchengarn eng in Form binden. In einem Bräter das Öl erhitzen und die Fasane von allen Seiten anbraten. Zwiebel zugeben und kurz mitdünsten.

3 Wenn der Fasan rundum eine goldgelbe Farbe hat, mit dem Wein begießen, in den vorgeheizten Backofen stellen und 1 Stunde und 15 Minuten garen. Gelegentlich mit dem Bratenfond bepinseln und nach Bedarf noch etwas Wasser zugießen.

4 Den Rotkohl putzen, den Kopf halbieren, den Strunk herausschneiden und den Kohl in Streifen hobeln. Den Apfel waschen, schälen, vierteln, das Kerngehäuse entfernen und den Apfel in feine Würfel schneiden. Das Butterschmalz in einem Topf erhitzen, die Apfelstücke zugeben, mit dem Zucker bestreuen und leicht karamellisieren lassen. Den Rotkohl dazugeben und mit andünsten. Mit dem Essig und dem Wein ablöschen.

5 Die Zwiebel mit den Nelken spicken und zusammen mit der Zimtstange sowie dem Lorbeerblatt zum Rotkohl geben. Zugedeckt bei schwacher Hitze 40–50 Minuten weich schmoren lassen. Mit den Preiselbeeren und Salz abschmecken, die Gewürze und die gespickte Zwiebel vor dem Servieren entfernen. Fasane auf dem Rotkohl anrichten und heiß servieren.

Kalbsbeuschel
mit Markklößchen

ZUTATEN FÜR 4 PERSONEN

750 g Kalbslunge · 400 g Kalbsherz
80 g Rindermark · 40 g Lauch
1 Karotte · 30 g Petersilienwurzel
50 g Knollensellerie · 1 Zwiebel
1 Lorbeerblatt · 3 Gewürznelken
3 Knollenselleriegrün
250 ml Weißwein
Salz · 80 ml Weißweinessig
Saft von 1 unbehandelten Zitrone

Für die Markklößchen:
80 g Weißbrot, vom Vortag
50 ml Milch · 50 g Weißbrot,
10 g Butter · 1 Schalotte
1 EL gehackte Petersilie · 1 Ei
1 Eigelb · Salz · Pfeffer

Für die Soße:
40 g Butterschmalz · 1 TL Zucker
40 g Mehl · 40 g Zwiebel
40 g Essiggurke, in Streifen
1 EL Kapern · 1 TL Tomatenmark
½ TL Senf
1 TL Majoran, gehackt
2 Sardellen (aus der Dose)
1 Spritzer Worcestersoße
125 g Crème fraîche
50 ml Sahne · Cayennepfeffer
40 g Gewürzgurke, in Streifen
1 EL Schnittlauchröllchen

ZUBEREITUNGSZEIT: 90 MINUTEN
GARZEIT: 2 STUNDEN 30 MINUTEN
KÜHLZEIT: 50 MINUTEN

1 Lunge und Herz abwaschen. Die Lunge einige Male einstechen, damit die Luft entweicht. Das Mark für die Klößchen 1 Stunde wässern.

2 Das Gemüse putzen oder schälen. Die Zwiebel mit dem Lorbeerblatt und den Nelken spicken. Den Lauch, die Karotte, die Petersilienwurzel, den Sellerie und das Selleriegrün zu einem Bouquet garni binden und in einem Topf mit 2,5 l Wasser, der gespickten Zwiebel, dem Wein, Salz und 50 ml Essig aufkochen und 20 Minuten köcheln lassen.

3 Lunge und Herz in den Sud einlegen. Mit einem Deckel, der im Durchmesser kleiner als der Topf ist, beschweren, damit die Lunge ständig von Flüssigkeit bedeckt ist. Die Lunge 75 Minuten, das Herz 1 ½ Stunden kochen. Herausheben, in einer Schüssel mit einem umgedrehten Teller bedecken. Mit einer mit kaltem Wasser gefüllten Schüssel beschweren und die Innereien abkühlen lassen. Beides erst in dünne Scheiben, dann in feine Streifen schneiden. Mit Zitronensaft sowie dem restlichen Essig beträufeln, durchmischen und 30 Minuten kühl stellen. 700 ml des Kochsuds abmessen und beiseitestellen.

4 Das Mark für die Klößchen trocken tupfen und würfeln. Das Weißbrot vom Vortag entrinden und dünn aufschneiden. Die Milch erhitzen, das Brot damit übergießen und 10 Minuten einweichen. Das entrindete Brot würfeln und in der Butter goldbraun braten. Die Schalotte schälen, würfeln und mitdünsten. Das eingeweichte Brot ausdrücken, mit den gerösteten Brotwürfeln, der Schalotte, dem Mark und den restlichen Zutaten zu einer glatten Masse verarbeiten und 30 Minuten im Kühlschrank ruhen lassen.

5 Für die Soße das Schmalz zerlassen und den Zucker darin anbräunen. Das Mehl darüberstäuben und anschwitzen. Die Zwiebel schälen, hacken und mitdünsten. Die Gurkenstreifen und die Kapern unterrühren. Das Tomatenmark zugeben. Den abgemessenen Kochsud durch ein Sieb zugießen, durchrühren und aufkochen. Die Hitze reduzieren und die Soße 20 Minuten köcheln lassen. Mit dem Pürierstab aufmixen und erhitzen. Lunge, Herz, Senf, Majoran und gehackte Sardellen untermischen und einige Minuten köcheln lassen. Mit Salz, Pfeffer und Worcestersoße würzen.

6 Aus der Markmasse Klößchen formen und in kochendem Salzwasser 10 Minuten gar ziehen lassen. Die Crème fraîche und die Sahne mit den Gewürzen verrühren. Das Beuschel auf vorgewärmte Teller verteilen und die Markklößchen darauf anrichten. Je einen Klecks Crème fraîche darauf geben und mit Gurkenstreifen und Schnittlauch bestreut servieren.

Wildschweinkotelett
mit Dörrpflaumen

ZUTATEN FÜR 4 PERSONEN

Für die Marinade:
2 Schalotten
1 Knoblauchzehe
2 Zweige Rosmarin
1 unbehandelte Zitrone
150 ml Olivenöl
Salz
frisch gemahlener Pfeffer

Für das Fleisch:
4 Wildschweinkoteletts (à 220 g)
100 g Dörrpflaumen
80 ml Armagnac

ZUBEREITUNGSZEIT: 35 MINUTEN
MARINIERZEIT: 12 STUNDEN
GARZEIT: 13 MINUTEN

1 Die Schalotten und die Knoblauchzehe abziehen und fein würfeln. Den Rosmarin waschen, trocken schütteln und die Blätter verlesen.

2 Die Zitrone heiß waschen und die Schale dünn abschälen. Die Zitrone auspressen. Das Öl mit den Schalotten, dem Knoblauch, dem Rosmarin, der Zitronenschale sowie 2 Esslöffeln Zitronensaft verrühren und mit Salz und Pfeffer würzen.

3 Die Koteletts waschen, trocken tupfen und in die Marinade einlegen. Abgedeckt über Nacht im Kühlschrank ziehen lassen.

4 Den Backofen auf 100 °C (Umluft) vorheizen.

5 Die Dörrpflaumen in einem Topf im Armagnac zum Kochen bringen, bis sie weich werden und aufplatzen.

6 Die Koteletts mit dem Rosmarin aus der Marinade nehmen. In einer beschichteten Pfanne rundum bei starker Hitze etwa 3 Minuten anbraten.

7 Koteletts aus der Pfanne nehmen und mit den Pflaumen und dem Armagnac in eine Auflaufform legen. Im vorgeheizten Backofen etwa 10 Minuten ziehen lassen. Herausnehmen und in der Form servieren.

TIPP

Zum würzigen Wildschweinkotelett passen verschiedene Blattsalate und Kartoffeln aus dem Ofen.

Hirschschnitzel
mit Pflaumensoße und Salat

ZUTATEN FÜR 4 PERSONEN

350 g reife Pflaumen

1 Stück frischer Ingwer (4–5 cm)

1 Schalotte · Butter (zum Anbraten)

500 ml Rotwein · Butterflocken, eiskalt

Salz · frisch gemahlener Pfeffer

Honig · 8 Hirschschnitzel (à 150 g)

Butterschmalz (zum Braten)

ZUBEREITUNGSZEIT: 40 MINUTEN

1 Die Pflaumen waschen, halbieren und entsteinen, dann vierteln und beiseitestellen.

2 Den Ingwer und die Schalotte schälen, fein hacken und in einer Pfanne in etwas Butter sanft andünsten, dann mit dem Rotwein ablöschen.

3 Die Pflaumen zugeben und die Soße auf kleiner Flamme stark reduzieren, bis diese leicht sämig und die Früchte weich sind. Mit Salz, Pfeffer und etwas Honig abschmecken und die Soße mit der eiskalten Butter binden.

4 Die Hirschschnitzel waschen, trocken tupfen und in einer Pfanne in etwas heißem Butterschmalz von beiden Seiten goldbraun braten.

5 Schnitzel mit der Pflaumensoße auf vorgewärmten Tellern anrichten und sofort servieren. Dazu passt ein frischer Blattsalat.

Gespickter Wildhasenrücken
mit Pilzen

1 Den Backofen auf 200 °C (Ober- und Unterhitze) vorheizen.

2 Den Hasenrücken waschen, trocken tupfen und parieren. Etwa 1 Teelöffel Salz, Zimt, Ingwerpulver und Zitronenschale mischen und den Hasenrücken damit einreiben. Fleisch in Klarsichtfolie wickeln und etwa 2 Stunden marinieren.

3 Den Speck in lange, 1 cm dicke Streifen schneiden. Die Speckstreifen mit einer Spicknadel in gleichen Abständen in Faserrichtung ½ cm unter die Oberfläche des Hasenrückens einziehen. Dabei sollen die Speckenden noch etwa 4 mm aus dem Fleisch herausschauen.

4 In einem Bräter das Öl und die Butter erhitzen und den Rücken von allen Seiten bei starker Hitze anbraten.

5 Den Rotwein angießen, kurz aufkochen lassen und den Braten in den Backofen stellen. Etwa 20 Minuten garen und immer wieder mit dem Bratenfond begießen.

6 Die Pilze putzen und längs in Scheiben schneiden. Die Schalotten schälen. Zwei Schalotten fein würfeln. Die Pilze und die Schalotten etwa 15 Minuten vor Ende der Garzeit um den Hasenrücken herum verteilen und mitbraten. Mit Pfeffer würzen und den Hasenrücken im Bräter servieren.

ZUTATEN FÜR 4 PERSONEN

1 Wildhasenrücken, küchenfertig (etwa 800 g)

Salz

¼ TL Zimt

¼ TL Ingwerpulver

abgeriebene Schale von ½ unbehandelten Zitrone

150 g fetter Speck

1 EL Pflanzenöl

50 g Butter

250 ml trockener Rotwein

frisch gemahlener Pfeffer

200 g frische Steinpilze

150 g Schalotten

ZUBEREITUNGSZEIT: 35 MINUTEN
GARZEIT: 25 MINUTEN

Kaninchen in Biersoße geschmort

ZUTATEN FÜR 4 PERSONEN

1 Kaninchen, küchenfertig (1,5 kg)
150 g Bacon, in Scheiben
150 g Kaninchenleber
2–3 Lorbeerblätter
10 Wacholderbeeren
2 Zweige Rosmarin
2 Zweige Thymian
Fett (für den Bräter)
6 Knoblauchzehen
Salz
frisch gemahlener Pfeffer
250 ml helles Bier

ZUBEREITUNGSZEIT: 30 MINUTEN
GARZEIT: 50 MINUTEN

1 Den Backofen auf 200 °C (Ober- und Unterhitze) vorheizen.

2 Das Kaninchen waschen, trocken tupfen und in acht Teile teilen.

3 Die Speckscheiben dritteln. Die Leber waschen, trocken tupfen und in mundgerechte Stücke schneiden. Die Kaninchenteile mit dem Speck, der Leber, den Gewürzen und den Kräutern in einen gefetteten Bräter geben. Knoblauchzehen leicht andrücken und zugeben.

4 Alles mit Salz und Pfeffer würzen, vermengen und im vorgeheizten Backofen 40–50 Minuten braten. Dabei gelegentlich durchrühren und mit dem Bier begießen. Nach Ende der Garzeit herausnehmen und im Bräter servieren.

Strudel & Herzhaftes

Selleriestrudel
aus Blätterteig

ZUTATEN FÜR JE 1 STRUDEL
BZW. JEWEILS 4–6 PERSONEN

1 kg Staudensellerie
150 g gekochter Schinken
1 Zwiebel · 3 Eier
200 g Frischkäse
50 g Crème fraîche
50 g geriebener Bergkäse
1 EL frisch gehackter Thymian
Salz · frisch gemahlener Pfeffer
frisch geriebene Muskatnuss
400 g Blätterteig

ZUBEREITUNGSZEIT: 45 MINUTEN
BACKZEIT: 1 STUNDE

1 Den Ofen auf 180 °C (Umluft) vorheizen. Den Sellerie waschen, putzen und in Stücke schneiden. Den Schinken würfeln. Zwiebel schälen und fein hacken. Ein Ei trennen und das Eigelb mit 2–3 Esslöffeln Wasser verrühren.

2 Die restlichen Eier mit dem Eiweiß, dem Frischkäse, der Crème fraîche, dem Bergkäse und Thymian vermengen. Den Sellerie, den Schinken und die Zwiebel unterrühren und mit Salz, Pfeffer und Muskat würzen.

3 Den Blätterteig auf einer bemehlten Arbeitsfläche zu einem Rechteck (etwa 30 x 40 cm) ausrollen. Die Füllung auf dem Teig verteilen, dabei einen 2 Finger breiten Rand lassen. Die gegenüberliegenden Teigränder 2 cm nach innen einschlagen, mit ein wenig Eigelb bepinseln und den Strudel mithilfe des Tuchs aufrollen. Die Ränder gut andrücken. Nach Belieben ein wenig von dem Teig abschneiden und ein Muster auf den Strudel auflegen.

4 Mit dem restlichen Eigelb bepinseln und auf ein mit Backpapier belegtes Backblech legen. Im Ofen etwa 1 Stunde goldbraun backen. Herausnehmen und in Stücke geschnitten servieren.

TIPP

Eine leckere Alternative zur Selleriefüllung: Weißkraut (etwa 400 Gramm) in 2 × 2 cm große Fleckerl schneiden und blanchieren. Eine Zwiebel in Würfel schneiden und mit 150 Gramm Speckwürfel anschwitzen, Kohlfleckerl kurz mitbraten und abkühlen lassen. Ein Ei und 125 g saure Sahne untermengen und mit Salz, Pfeffer, Kümmel und Paprikapulver würzen. Den Blätterteigstrudel zubereiten wie oben beschrieben.

Pilzstrudel
mit frischen Pilzen

ZUTATEN FÜR 1 STRUDEL
BZW. FÜR 4 PERSONEN)

Für den Strudelteig:
200 g Mehl · ½ TL Salz · 1 Ei · 2 EL Öl
etwa 4 EL lauwarmes Wasser
2 EL zerlassene Butter
Öl (zum Bepinseln)

Für die Füllung:
200 g Zwiebeln · 500 g frische Champignons
2 EL Butter · 100 ml Weißwein · Soßenbinder
Salz · frisch gemahlener Pfeffer
frisch geriebene Muskatnuss
Mehl (zum Ausrollen) · 30 g zerlassene Butter

ZUBEREITUNGSZEIT: 30 MINUTEN
RUHEZEIT: 30 MINUTEN
GARZEIT: 35 MINUTEN

1 Das Mehl mit dem Salz mischen, in eine Schüssel sieben und in die Mitte eine Mulde drücken. In die Mitte das Ei mit dem Öl, dem lauwarmen Wasser und der Butter geben.

2 Alles zu einem glatten Teig verkneten, zu einer Kugel formen, auf einen Teller legen. Den Teig mit etwas Öl bepinseln und unter einer angewärmten Schüssel etwa 30 Minuten ruhen lassen.

3 Für die Füllung die Zwiebeln schälen. Die Champignons mit Küchenpapier vorsichtig abrubbeln und beides in feine Scheiben schneiden.

4 Die Butter erhitzen und die Zwiebeln darin glasig dünsten. Die Champignons zugeben, kurz anbraten und mit dem Wein ablöschen. Die Flüssigkeit mit Soßenbinder sämig abbinden, mit Salz, Pfeffer und Muskat würzen und abschmecken.

5 Den Backofen auf 200 °C (Ober- und Unterhitze) vorheizen. Den Teig auf einem bemehlten Küchentuch dünn rechteckig ausrollen. Mit den Handrücken unter den Teig fahren und von der Mitte aus langsam und vorsichtig nach außen hauchdünn ausziehen, dass keine Löcher entstehen. Die dickeren Ränder abschneiden.

6 Die Füllung auf dem Teig verteilen, dabei einen 2 Finger breiten Rand lassen. Zwei gegenüberliegenden Teigränder 2 cm nach innen einschlagen. Den Teig mithilfe des Küchentuchs vorsichtig zu einem Strudel aufrollen. Mit der Nahtseite nach unten auf ein mit Backpapier ausgelegtes Backblech setzen.

7 Den fertigen Strudel mit flüssiger Butter bestreichen und etwa 35 Minuten goldbraun backen. Aus dem Ofen nehmen und etwas abkühlen lassen. In Scheiben geschnitten auf einer Platte anrichten.

Kürbisstrudel mit Schafskäse
und Quark

1 Das Mehl in eine Schüssel sieben und in die Mitte eine Mulde drücken. In die Mulde Salz, das Ei, 80 ml lauwarmes Wasser und Öl geben. Auf dem Rand die Butter verteilen.

2 Mit einem Messer alles grob durchhacken, sodass Krümel entstehen, und mit den Händen zu einem glatten, geschmeidigen Teig verarbeiten. Zu einer Kugel formen und in Frischhaltefolie gewickelt 1 Stunde im Kühlschrank ruhen lassen.

3 Für die Füllung das Kürbisfleisch in 1 cm große Würfel schneiden. Die Kürbiswürfel etwa 3 Minuten in kochendem Salzwasser blanchieren, abgießen und gut abtropfen lassen.

4 Die gekochten Kartoffeln pellen und ebenfalls in kleine Würfel schneiden. Den Kürbis und die Kartoffeln in eine Schüssel geben, den Fetakäse zerbröseln und hinzufügen. Das Ei und die Semmelbrösel zugeben und alles gut vermischen. Mit Salz, Pfeffer, einer Prise Paprikapulver und etwas frisch geriebener Muskatnuss würzen.

5 Den Backofen auf 180 °C (Ober- und Unterhitze) vorheizen. Das Backblech buttern. Den Strudelteig auf einem bemehlten Küchentuch dünn ausrollen und über den Handrücken ziehen. Die Füllung auf den Strudelteig verteilen und einen etwa 2 Finger breiten Rand lassen. Die gegenüberliegenden Seiten 2 cm breit einschlagen und mithilfe des Küchentuches den Strudel vorsichtig aufrollen. Den Strudel vorsichtig auf das Backblech setzen, mit Eigelb bestreichen und 40 Minuten im vorgeheizten Ofen goldbraun backen.

6 Inzwischen den Quark mit der Sahne, Salz und Pfeffer sowie dem gehackten Schnittlauch vermischen und zu dem fertigen Strudel reichen.

ZUTATEN FÜR 4 PERSONEN

Für den Teig:

250 g Mehl (zzgl. Mehl zum Ausrollen)

Salz · 1 Ei · 1 EL Olivenöl · 20 g Butter

Für die Füllung:

200 g Kürbisfruchtfleisch

200 g festkochende Kartoffeln, vorgegart

50 g Fetakäse · 1 Ei · 20 g Semmelbrösel

frisch gemahlener Pfeffer · 1 Prise Paprikapulver

frisch geriebene Muskatnuss · 1 Eigelb

Für den Quark:

250 g Sahnequark · 2 EL Sahne

1 Bund Schnittlauch, fein gehackt

ZUBEREITUNGSZEIT: 40 MINUTEN
RUHEZEIT: 1 STUNDE
BACKZEIT: 40 MINUTEN

Lauchgratin
mit Schinken

ZUTATEN FÜR 4 PERSONEN

4 Stangen Lauch
8 Scheiben Kochschinken
300 ml Sahne (mindestens 30 % Fett)
5 Eier
Salz
frisch gemahlener Pfeffer
frisch geriebene Muskatnuss
Fett (für die Form)
150 g geriebener Käse (z. B. Gouda, Emmentaler)

ZUBEREITUNGSZEIT: 30 MINUTEN
GARZEIT: 30 MINUTEN

1 Den Lauch waschen, trocken schütteln, putzen und die weiß-hellgrünen Enden abschneiden. Diese Stücke halbieren und mit je einer Scheibe Kochschinken umwickeln. Das restliche Lauchgrün in Streifen schneiden.

2 Die Sahne mit den Eiern verquirlen und mit Salz, Pfeffer und etwas Muskat würzen.

3 Die Lauch-Schinken-Stangen in eine gefettete Auflaufform legen, mit den Lauchstreifen bestreuen und mit der Eiersahne übergießen. Der Lauch sollte zu drei Vierteln bedeckt sein. Mit dem Käse bestreuen und im vorgeheizten Ofen 25–30 Minuten gratinieren. Herausnehmen und in der Form servieren.

Köthener Schusterpfanne

ZUTATEN FÜR 4 PERSONEN

1 kg festkochende Kartoffeln
400 g Kochbirnen
600 g magerer Schweinebauch
Fett (für den Bräter)
Salz
frisch gemahlener Pfeffer
1 EL Kümmelsamen
1 EL frisch gehackter Beifuß
1 l Fleischbrühe
2 EL Butter

ZUBEREITUNGSZEIT: 30 MINUTEN
GARZEIT: 30 MINUTEN

1 Den Backofen auf 200 °C (Ober- und Unterhitze) vorheizen.

2 Die Kartoffeln und die Birnen schälen und waschen. Die Kartoffeln in Scheiben schneiden. Die Birnen vierteln, entkernen und in mundgerechte Stücke schneiden. Den Schweinebauch in etwa 1,5 cm große Würfel schneiden.

3 Die Hälfte der Kartoffeln dachziegelartig in einen gefetteten Bräter schichten, die Hälfte des Schweinebauchs darübergeben, mit Salz und Pfeffer würzen und darauf die Birnen verteilen. Den restlichen Schweinebauch einschichten und mit Salz, Pfeffer, Kümmel und Beifuß würzen. Zum Schluss den Schweinebauch mit den restlichen Kartoffeln belegen und mit Salz und Pfeffer würzen.

4 So viel Brühe angießen, dass alles knapp bedeckt ist. Zugedeckt 20–30 Minuten auf dem Herd bei mittlerer Hitze dünsten.

5 Den Bräter ohne Deckel in den vorgeheizten Backofen schieben und die Kartoffel-Birnen-Pfanne goldbraun fertig backen. Kurz vor Backende mit zerlassener Butter bepinseln und sofort servieren.

Kartoffelgratin

aus der Pfanne

ZUTATEN FÜR 4 PERSONEN

1 kg vorwiegend festkochende Kartoffeln
2 EL Butter
1 Knoblauchzehe
Salz
600 ml Sahne
frisch gemahlener Pfeffer
frisch geriebene Muskatnuss
75 g geriebener Emmentaler

ZUBEREITUNGSZEIT: 30 MINUTEN
GARZEIT: 40 MINUTEN

1 Den Backofen auf 200 °C (Ober- und Unterhitze) vorheizen. Die Kartoffeln schälen, waschen und abtrocknen. MIt einem Gemüsehobel in dünne Scheiben hobeln und gleichmäßig in vier ausgebutterte Pfännchen (oder eine große Pfanne) einschichten.

2 Den Knoblauch schälen, fein hacken und mit etwas Salz fein in einem Mörser zerreiben.

3 Den Knoblauch mit der Sahne in einem kleinen Topf aufkochen lassen und großzügig mit Salz, Pfeffer und Muskat abschmecken. Über die Kartoffeln gießen, sodass diese knapp bedeckt sind. Gleichmäßig mit Käse bestreuen und im vorgeheizten Ofen etwa 40 Minuten backen.

Makkaroni-Käse-Auflauf
mit Kräutern

1 Den Backofen auf 200 °C (Ober- und Unterhitze) vorheizen.

2 Die Kräuter waschen, trocken schütteln, die Blätter abzupfen und fein hacken.

3 Die Nudeln in kochendem Salzwasser 8 Minuten vorkochen, abgießen und kalt abschrecken. Den Käse in kleine Würfel schneiden. Die Nudeln mit dem Käse und den Kräutern mischen. Die Sahne mit den Eiern verquirlen und mit Salz, Pfeffer und Muskat würzen.

4 Die Nudelmischung in vier ofenfeste, gebutterte Förmchen (Durchmesser 10 cm) einfüllen und mit der Eiersahne übergießen. Die Nudeln sollten zu drei Vierteln bedeckt sein.

5 Die zerlassene Butter mit den Semmelbröseln mischen und über die Nudeln geben. Im vorgeheizten Ofen 20–25 Minuten goldbraun backen. Herausnehmen und heiß servieren.

ZUTATEN FÜR 4 PERSONEN

1 Stängel Salbei
1 Stängel Basilikum
1 Stängel Thymian
2 Stängel Blattpetersilie
500 g kurze Makkaroni
Salz
300 g Cheddar-Käse
300 ml Sahne
5 Eier
frisch gemahlener Pfeffer
frisch geriebene Muskatnuss
40 g zerlassene Butter
4 EL Semmelbrösel

ZUBEREITUNGSZEIT: 30 MINUTEN
GARZEIT: 20 MINUTEN

Kartoffelrösti in der Pfanne

ZUTATEN FÜR 1 RÖSTI BZW. FÜR 4 PERSONEN

800 g festkochende Kartoffeln
3 EL Milch
200 g Mehl
2 EL frisch gehackte Petersilie
1 Ei
Salz
frisch gemahlener Pfeffer
frisch geriebene Muskatnuss
30 g Butterschmalz

ZUBEREITUNGSZEIT: 30 MINUTEN
GARZEIT: 25 MINUTEN

1 Den Backofen auf 180 °C (Ober- und Unterhitze) vorheizen.

2 Die Kartoffeln schälen, waschen, grob raspeln. Die Raspeln mit der Milch, dem Mehl, der Petersilie und dem Ei mischen und mit Salz, Pfeffer und Muskat würzen.

3 In einer Pfanne das Butterschmalz erhitzen und die Kartoffelmasse hineingeben. Alles gleichmäßig verstreichen und im vorgeheizten Ofen 20–25 Minuten goldbraun backen. Herausnehmen und noch heiß in der Pfanne servieren.

Quiche Lorraine

ZUTATEN FÜR 1 QUICHEFORM (26 CM DURCHMESSER)

Für den Teig:

150 g Mehl

1 Ei

1 TL Salz

100 g Butter

Für den Belag:

200 g geräucherter Speck

1 Gemüsezwiebel

4 Eier

150 ml Milch

250 ml Sahne (mindestens 30 % Fett)

150 g Crème fraîche

75 g geriebener Gruyère

Salz

frisch gemahlener Pfeffer

ZUBEREITUNGSZEIT: 40 MINUTEN
RUHEZEIT: 30 MINUTEN
BACKZEIT: 45 MINUTEN

1 Das Mehl auf eine Arbeitsfläche häufen, eine Mulde formen und das Ei und Salz in die Mitte geben. Die Butter in Stücke schneiden und auf dem Rand verteilen. Mit einem Messer alles grob durchhacken, sodass Krümel entstehen, und mit den Händen zu einem glatten geschmeidigen Mürbeteig verarbeiten. Den Teig zu einer Kugel formen, in Folie wickeln und im Kühlschrank 30 Minuten ruhen lassen.

2 Den Teig auf bemehlter Arbeitsfläche dünn ausrollen und die Form damit auslegen. Dabei einen Rand hochziehen. Den Backofen auf 200 °C (Umluft) vorheizen.

3 Für den Belag den Speck in kleine Würfel schneiden. Die Zwiebel schälen und ebenfalls klein würfeln. Die Eier verquirlen.

4 Die Milch mit der Sahne, der Crème fraîche, den Eiern, dem Käse, der Zwiebeln und dem Speck mischen. Mit Salz und Pfeffer würzen und die Mischung auf den Teig geben. Im vorgeheizten Ofen 40–45 Minuten goldbraun backen. Heiß oder lauwarm servieren.

Rahmchampignons
mit Speckknödeln

ZUTATEN FÜR 4 PERSONEN

Für die Knödel:

1 Schalotte

1 EL Öl

80 g gekochter Schinken

8 altbackene Brötchen, oder 400 g Knödelbrot

250 ml Milch

4 Eier

Salz

frisch gemahlener Pfeffer

frisch geriebene Muskatnuss

1 EL fein geschnittene Petersilie

Für die Rahmschwammerl:

1 kleine Zwiebel

2 EL Öl

400 ml Gemüsebrühe

1 kleines Lorbeerblatt

1 TL Steinpilzpulver

600 g frische gemischte Pilze (Steinpilze, Pfifferlinge oder Champignons)

Öl (zum Anbraten)

Salz

frisch gemahlener Pfeffer

2 El glatte Petersilie, gehackt

150 g Sahne

1 TL Speisestärke

2 EL kalte Butter

ZUBEREITUNGSZEIT:
1 STUNDE 15 MINUTEN

1 Die Schalotte schälen und fein würfeln. Öl in einer Pfanne erhitzen und die Schalotte darin glasig schwitzen. Den Schinken würfeln.

2 Die Brötchen in dünne Streifen schneiden und in eine Schüssel geben. Die Milch mit den Eiern verquirlen, mit Salz, Pfeffer und Muskat würzen und über die Brotscheiben gießen. Zugedeckt 20 Minuten quellen lassen. Dann Zwiebeln, Schinken und Petersilie einrühren.

3 Mit feuchten Händen aus der Masse kleine Knödel formen. Diese in köchelndem Salzwasser 15–20 Minuten gar ziehen lassen.

4 Für die Rahmschwammerl die Zwiebel schälen und fein würfeln. Das Öl in einer Pfanne erhitzen und die Zwiebeln darin glasig dünsten. Die Gemüsebrühe angießen, das Lorbeerblatt zugeben und die Zwiebeln darin weich köcheln lassen. Das Steinpilzpulver einrühren und alles etwa 20 Minuten ziehen lassen.

5 Die frischen Pilze putzen und klein schneiden. Etwas Öl in einer Pfanne erhitzen, die Pilze darin bei mittlerer Hitze portionsweise je 3 Minuten braten. Mit Salz und Pfeffer würzen und die Petersilie untermischen.

6 Das Lorbeerblatt aus der Soße nehmen. Die Sahne und die mit wenig Wasser angerührte Speisestärke einrühren, aufkochen und 2 Minuten köcheln lassen. Anschließend die Soße pürieren und durch ein Sieb in einen Topf abgießen.

7 Die Soße aufkochen lassen und dann die Butter in kleinen Stücken untermixen. Nochmals mit Salz und Pfeffer abschmecken und die gebratenen Pilze unterrühren.

8 Zum Servieren die Rahmschwammerl in vorgewärmte Teller verteilen und mit den Knödeln anrichten.

Spinatknödel
mit Walnüssen und Käse

ZUTATEN FÜR 2 PERSONEN

250 g TK-Blattspinat
oder 450 g frischer Spinat

Salz

250 g Weißbrot, vom Vortag

3 EL Milch

40 g Bergkäse, am Stück

½ Zwiebel

1 Knoblauchzehe

50 g Butter

1 Ei

frisch gemahlener Pfeffer

frisch geriebene Muskatnuss

1 EL Walnusskerne

ZUBEREITUNGSZEIT: 30 MINUTEN
RUHEZEIT: 30 MINUTEN
GARZEIT: 15 MINUTEN

1 Den tiefgekühlten Spinat mit wenig Wasser in einen Topf geben und erwärmen. Abkühlen lassen, auf ein Tuch geben, sehr gut ausdrücken und anschließend grob hacken. Es sollen etwa 125 Gramm Spinat sein. Alternativ den frischen Spinat verlesen, von groben Stielen befreien und in kochendem Salzwasser blanchieren. Die Blätter eiskalt abschrecken, gut ausdrücken und grob hacken.

2 Das Brot in ½ cm große Würfel schneiden. In der Milch einweichen. Den Käse entrinden. Die eine Hälfte grob raspeln, den Rest klein würfeln.

3 Die Zwiebel und den Knoblauch schälen und fein hacken. In einer Pfanne 1 Esslöffel Butter erhitzen und darin die Zwiebel und den Knoblauch weich garen. Die Zwiebelmischung mit dem Spinat und dem Ei fein pürieren.

4 Die Spinatmasse und die Käsewürfel zum Brot geben. Mit je ½ Teelöffel Salz und Pfeffer sowie etwas Muskat würzen. Die Masse mit der Hand gut verkneten und zugedeckt 30 Minuten ruhen lassen.

5 Mit angefeuchteten Händen aus der Masse acht größere oder zwölf kleinere Knödel formen. In reichlich kochendem Salzwasser bei niedriger Hitze 12–15 Minuten gar ziehen lassen.

6 Die Nüsse grob hacken. Die restliche Butter zerlassen. Die Knödel aus dem Wasser heben und kurz abtropfen lassen. Die Knödel anrichten, mit zerlassener Butter begießen sowie mit Walnüssen und dem restlichen Bergkäse bestreut servieren.

TIPP

Die Knödel lassen sich sehr gut auf Vorrat einfrieren. Bei Bedarf einfach auftauen lassen und in heißem Wasser erwärmen. Dann mit zerlassener Butter, Walnüssen und Bergkäse verfeinern und servieren.

Krautfleckerl
mit Frischkäse und Kümmel

ZUTATEN FÜR 4 PERSONEN

Für den Nudelteig:
300 g Mehl · 3 Eier
1 TL Pflanzenöl · Salz
Für das Kraut:
½ Kopf Weißkraut (etwa 600 g) · 1 Zwiebel
100 g geräucherter Speck · 1 EL Pflanzenöl
1 TL Puderzucker · 1–2 EL Weinessig ·
1 TL Kümmel · Salz · frisch gemahlener Pfeffer
150 g körniger Frischkäse

ZUBEREITUNGSZEIT: 45 MINUTEN
WARTEZEIT: 1 STUNDE 30 MINUTEN
GARZEIT: 25 MINUTEN

1 Aus Mehl, Eiern, Öl und ½ Teelöffel Salz einen glatten, seidigen Nudelteig kneten. Diesen zu einer Kugel formen und in Folie gewickelt etwa 30 Minuten ruhen lassen.

2 Aus dem Teig mit der Nudelmaschine dünne Nudelplatten ausrollen oder portionsweise auf bemehlter Arbeitsfläche sehr dünn ausrollen. Die Teigplatten in etwa 2–3 cm große Quadrate (Fleckerl) schneiden. Auf einem bemehlten Blech locker verteilen, damit sie nicht zusammenkleben, und etwa 1 Stunde trocknen lassen.

3 Inzwischen das Weißkraut putzen, halbieren und vom Strunk sowie groben Blattrippen befreien. Kraut erst längs, dann quer in Stücke, passend zu den Fleckerln, teilen. Die Krautstücke waschen und im Sieb abtropfen lassen. Die Zwiebel schälen und mit dem Speck fein würfeln.

4 Den Speck im Öl kross braten. Puderzucker zufügen und rühren, bis der Zucker leicht karamellisiert. Die Zwiebel zugeben und darin 1–2 Minuten dünsten, mit Essig ablöschen.

5 Das Kraut und den Kümmel in die Pfanne geben und darin etwas andünsten. Das Kraut zugedeckt bei mittlerer Hitze möglichst im eigenen Saft etwa 20 Minuten nicht ganz weich schmoren. Falls nötig, noch etwas Wasser dazugeben. Mit Salz und Pfeffer würzen.

6 Inzwischen die Nudelfleckerl in reichlich Salzwasser 4–5 Minuten bissfest garen, abgießen, mit dem Kraut mischen. Mit Salz und Pfeffer abschmecken.

7 Zum Servieren in tiefe Teller geben, den Frischkäse darauf verteilen und heiß servieren.

Spinatgnocchi
mit Butter und Walnüssen

1 Die Kartoffeln waschen und etwa 30 Minuten gar kochen.

2 Den Spinat waschen, putzen und in Salzwasser kurz blanchieren. In Eiswasser abschrecken, gut ausdrücken und fein hacken.

3 Die Schalotte und den Knoblauch schälen, fein hacken und in einer Pfanne mit Olivenöl glasig anschwitzen. Den Spinat unterrühren und die Pfanne vom Herd nehmen.

4 Die gekochten Kartoffeln schälen, durch die Kartoffelpresse drücken und ausdampfen lassen. Mit dem Spinat, Mehl, Parmesan, Eigelb und Ei gut vermengen. Mit Salz, Pfeffer und Muskat würzen. Die Mehlmenge nach Bedarf ein wenig variieren, damit die Masse nicht zu klebrig ist und sich gut formen lässt.

5 Von der Kartoffel-Spinat-Masse mit 2 Esslöffeln längliche Klöße abstechen und in leicht köchelndem Salzwasser etwa 10 Minuten gar ziehen lassen. Inzwischen die Nüsse grob hacken.

6 Die Gnocchi mit einer Siebkelle aus dem Topf nehmen und in heißer zerlassener Butter mit den Nüssen goldbraun anbraten. Auf vorgewärmten Tellern anrichten und servieren.

ZUTATEN FÜR 4 PERSONEN

500 g mehligkochende Kartoffeln
250 g frischer Blattspinat · Salz
1 Schalotte · 1 Knoblauchzehe
1 EL Olivenöl · 75 g Mehl
2 EL frisch geriebener Parmesan
1 Eigelb · 1 Ei · Salz
frisch gemahlener Pfeffer
frisch geriebene Muskatnuss
100 g geschälte Walnüsse
50 g Butter

ZUBEREITUNGSZEIT: 30 MINUTEN
GARZEIT: 50 MINUTEN

Brezelkuchen
mit Pfifferlingen

ZUTATEN FÜR 1 GUGELHUPFFORM BZW. FÜR 6–8 PERSONEN

500 g altbackene Brezen
etwa 500 ml heiße Milch
1 Zwiebel · 2 EL Butter
2 EL frisch gehackte Petersilie · 2 Eier

Für die Pfifferlinge:

500 g Pfifferlinge
2 EL Olivenöl
1 Zwiebel · 1 Knoblauchzehe
2 EL Butter
200 ml Fleischbrühe
100 ml Sahne · 2 EL Crème fraîche
Petersilie (für die Garnitur)

ZUBEREITUNGSZEIT: 40 MINUTEN
BACKZEIT: 40 MINUTEN

1 Den Backofen auf 160 °C (Umluft) vorheizen.

2 Die Brezen in Stücke schneiden, mit der Milch übergießen und etwa 15 Minuten ziehen lassen.

3 Inzwischen die Zwiebel schälen, würfeln und in einer Pfanne in heißer Butter anschwitzen. Anschließend zu den Brezen geben. Die Eier und Petersilie untermengen, mit Salz und Pfeffer würzen.

4 Die Gugelhupfform mit Butter auspinseln und die Brezenmasse einfüllen. Glatt streichen und im vorgeheizten Ofen 35–40 Minuten backen.

5 Die Pilze gründlich putzen und, falls nötig, kleiner schneiden. Die Zwiebel und den Knoblauch schälen und fein hacken. Die Pfifferlinge in heißem Öl kurz und kräftig anbraten und herausnehmen.

6 Knoblauch und Zwiebel in der gleichen Pfanne in heißer Butter anschwitzen und die Brühe angießen. Die Flüssigkeit etwas einreduzieren, Sahne zufügen und sämig reduzieren. Die Pilze wieder in die Pfanne geben. Die Crème fraîche einrühren und die Soße mit Salz und Pfeffer abschmecken.

6 Den Brezengugelhupf aus dem Ofen nehmen, kurz ruhen lassen und aus der Form stürzen.

7 Den Gugelhupf in Scheiben schneiden und in tiefen Tellern auf den Pfifferlingen anrichten. Mit Petersilie garniert servieren.

Kartoffel-Blutwurst-Küchlein
mit Apfelmus

1 Die Kartoffeln schälen, waschen und fein reiben. Die Masse in ein Küchentuch geben und gut ausdrücken.

2 Für den Hefeteig die Hefe in die lauwarme Milch bröckeln und mit dem Zucker auflösen. Das Mehl mit dem Salz mischen, in eine Schüssel geben, in die Mitte eine Mulde drücken und die Hefemilch sowie die Eier und die ausgedrückte Kartoffelmasse zugeben.

3 Mit den Knethaken eines Handrührgerätes alles gut vermengen und zu einem glatten und geschmeidigen Teig verarbeiten. Den Teig an einem warmen Ort etwa 45 Minuten gehen lassen, bis sich sein Volumen verdoppelt hat.

4 Inzwischen für das Aofelmus die Äpfel schälen, vierteln, entkernen und in mundgerechte Stücke schneiden. Zusammen mit dem Zucker und den Gewürzen in einem Topf andünsten, mit dem Wein ablöschen und bei mittlerer Hitze 15–20 Minuten köcheln lassen. Die Gewürze herausnehmen, das Kompott in kleine Dessertschälchen füllen und gut auskühlen lassen.

5 Für die Blutwurstmischung die Zwiebeln schälen und in Würfel schneiden. Den Speck zuerst in Streifen, dann in Würfel schneiden und in einer Pfanne ohne Fett auslassen. Die Zwiebeln zugeben und mit anschwitzen. Die Pfanne vom Herd nehmen und alles kurz auskühlen lassen.

6 Die Blutwurst klein würfeln und mit den Speck- und Zwiebelwürfeln unter den Kartoffelteig mischen. Den Teig noch einmal 15 Minuten gehen lassen.

7 Das Öl in einer Pfanne erhitzen. Für ein Küchlein von dem Teig 2–3 Esslöffel abstechen und zu einem Küchlein formen. In heißem Öl von jeder Seite 2–3 Minuten goldbraun ausbacken. Die Küchlein sollten dabei im Öl schwimmen.

8 Die fertigen Küchlein herausnehmen, auf Küchenpapier abtropfen lassen und mit dem Apfelkompott servieren.

ZUTATEN FÜR 4 PERSONEN

Für den Teig:

500 g festkochende Kartoffeln

½ Würfel frische Hefe (21 g) · 180 ml Milch

1 EL Zucker · 350 g Mehl · 1 TL Salz · 3 Eier

Für das Mus:

700 g reife Äpfel · 100 g Zucker

1 Zimtstange · 2 Gewürznelken

1 Sternanis · 150 ml trockener Weißwein

Für die Blutwurstmischung:

2 Gemüsezwiebel · 100 g Speck

200 g Blutwurst · 200 ml Pflanzenöl

ZUBEREITUNGSZEIT: 45 MINUTEN
RUHEZEIT: 1 STUNDE
GARZEIT: 35 MINUTEN

Kartoffeltaschen
mit Apfel-Zwiebel-Füllung

ZUTATEN FÜR 4 PERSONEN

400 g mehlig kochende Kartoffeln

Salz

Für das Kompott:

300 g reife Äpfel

50 g Zucker · 1 Zimtstange

2 Gewürznelken

50 ml trockener Weißwein

Für den Teig:

200 g Mehl · 3 Eier

1 Prise Salz · Zucker

frisch gemahlener Pfeffer

frisch geriebene Muskatnuss

Für die Füllung:

1 Gemüsezwiebel

150 g Speck

Butter und Zucker (für die Form)

Mehl (für die Arbeitsfläche)

Eiweiß (zum Bestreichen)

40 g zerlassene Butter

100 ml Sahne

ZUBEREITUNGSZEIT: 45 MINUTEN
KÜHLZEIT: 1 STUNDE
GARZEIT: 1 STUNDE 10 MINUTEN

1 Die Kartoffeln waschen und im kochenden Salzwasser 25–30 Minuten garen. Abgießen, kalt abschrecken, pellen und noch heiß durch die Kartoffelpresse drücken. Die Masse auskühlen lassen.

2 Inzwischen für das Kompott die Äpfel schälen, vierteln, mit einem Apfelausstecher vom Kerngehäuse befreien und in Würfel schneiden. Zusammen mit dem Zucker und den Gewürzen in einem Topf andünsten und mit dem Weißwein ablöschen. Bei mittlerer Hitze etwa 10 Minuten köcheln lassen. Den Topf vom Herd nehmen, die Gewürze entfernen und auskühlen lassen.

3 Für den Teig das Mehl mit den Eiern, einer Prise Salz und Zucker sowie der ausgekühlten Kartoffelmasse mischen und mit bemehlten Händen zu einem glatten und geschmeidigen Teig verarbeiten. Mit Pfeffer und Muskat würzen. Zu einer Kugel formen, in Klarsichtfolie wickeln und für 30 Minuten in den Kühlschrank stellen.

3 Für die Füllung die Zwiebel schälen und fein würfeln. Den Speck zuerst in Streifen, dann in kleine Würfel schneiden und in einer Pfanne ohne Fett auslassen. Die Zwiebel zugeben und weitere 2 Minuten mitschwitzen. Die Speck-Zwiebel-Mischung zum Apfelkompott geben und alles vermengen.

4 Eine Backpfanne mit Butter einfetten und mit Zucker ausstreuen. Den Backofen auf 180 °C (Ober- und Unterhitze) vorheizen.

5 Den Kartoffelteig auf einer gut bemehlten Arbeitsfläche 0,5 cm dick ausrollen und Kreise (Durchmesser 10 cm) ausstechen. Etwas von dem Kompott auf eine Hälfte des Kreises geben, die Ränder mit Eiweiß bestreichen, die andere Hälfte darüberklappen und die Ränder fest andrücken. Die Halbmonde in die Backpfanne geben, mit etwas zerlassener Butter bestreichen und im vorgeheizten Ofen 20–25 Minuten goldgelb backen.

6 Etwa 10 Minuten vor Ende der Backzeit die Sahne zugießen und zu Ende backen. Herausnehmen und heiß servieren.

TIPP

Dazu schmeckt als Beilage sehr gut Salat oder Sauerkraut.

Süßes & Getränke

Apfelpfannkuchen mit Honig

ZUTATEN FÜR 4 PERSONEN

Für den Belag:

4 reife Äpfel

3 EL Zitronensaft

Für den Teig:

250 g Mehl

½ TL Backpulver

500 ml Milch

2 Eier

75 g Zucker

6 EL Pflanzenöl

Honig (zum Beträufeln)

ZUBEREITUNGSZEIT: 30 MINUTEN
GARZEIT: 30 MINUTEN

1 Den Backofen auf 200 °C (Ober- und Unterhitze) vorheizen. Die Äpfel waschen, vierteln, vom Kerngehäuse befreien und in Spalten schneiden. Sofort mit dem Zitronensaft beträufeln und mischen.

2 Für den Pfannkuchenteig das Mehl mit dem Backpulver, der Milch, den Eiern und dem Zucker mischen und glatt rühren. Das Öl in einer Pfanne erhitzen, je 1 Schöpfkelle von dem Teig in die Pfanne laufen lassen, die Pfanne dabei etwas drehen, sodass sich der Teig gleichmäßig in der Pfanne verteilt. Den Teig so lange ausbacken, bis er fest und hellbraun geworden ist.

3 Die Apfelspalten auf den Teig legen und die Pfannkuchen im Ofen 5–7 Minuten goldbraun zu Ende backen. Herausnehmen, mit etwas Honig beträufeln und noch lauwarm servieren.

Apfelkücherl mit Zimtzucker

ZUTATEN FÜR 4 PERSONEN

5–6 große reife Äpfel
2–3 EL Zitronensaft

Für den Teig:

2 Eier
200 g Mehl
1 Prise Salz
250 ml Bier, Weißwein oder Milch
2 TL Öl
Butterschmalz (zum Ausbacken)
Zimtzucker (zum Bestreuen)

ZUBEREITUNGSZEIT: 20 MINUTEN
GARZEIT: 15 MINUTEN

1 Die Äpfel waschen, schälen, mit einem Apfelausstecher das Kerngehäuse ausstechen und den Apfel in 1 cm breite Scheiben schneiden. Sofort mit dem Zitronensaft beträufeln.

2 Für den Teig die Eier trennen. Die Eiweiße zu Schnee schlagen und kühl stellen. Das Mehl mit Salz und Bier bzw. Weißwein oder Milch zu einem dickflüssigen Teig anrühren. Die Eigelbe und das Öl unterrühren und zuletzt den Eischnee unterziehen.

3 Die Apfelringe einzeln im Teig wenden und schwimmend im heißen Fett goldbraun backen. Die Küchlein kurz auf Küchenpapier abtropfen lassen. Noch heiß mit Zimtzucker bestreuen und servieren.

Bratäpfel
mit Marzipan-Mandel-Füllung

1 Den Backofen auf 180 °C (Ober- und Unterhitze) vorheizen. Die Rosinen in Amaretto einweichen.

2 Die Äpfel waschen, trocken tupfen, quer halbieren und mit einem Apfelausstecher das Kerngehäuse ausstechen.

3 Die Rosinen mit dem Marzipan, den Mandeln und dem Vanillezucker mischen. Die Masse auf die untere Hälfte der Äpfel verteilen, den Deckel aufsetzen und leicht andrücken.

4 Die gefüllten Äpfel auf ein Backblech setzen, mit etwas zerlassener Butter bestreichen und im vorgeheizten Ofen 30 Minuten backen. Vor dem Servieren mit Puderzucker bestäuben.

ZUTATEN FÜR 4 PERSONEN

100 g Rosinen
60 ml Amaretto
4 reife Äpfel
150 g Marzipanrohmasse
75 g gehackte Mandeln
1 Päckchen Vanillezucker
30 g zerlassene Butter
Puderzucker (zum Bestauben)

ZUBEREITUNGSZEIT: 25 MINUTEN
BACKZEIT: 30 MINUTEN

Scheiterhaufen

Brotauflauf mit Äpfeln und Rosinen

ZUTATEN FÜR 4 PERSONEN BZW. FÜR 2 RUNDE FORMEN (DURCHMESSER 15 CM)

- 1 Stange altbackenes Weißbrot
- 4 reife Äpfel
- 3 Ei
- 300–400 ml Milch
- 6 EL Zucker
- ½ TL Zimt
- Butter (für die Form)
- 100 g Rosinen (nach Belieben auch Rumrosinen)
- 100 g Butter

ZUBEREITUNGSZEIT: 20 MINUTEN
BACKZEIT: 45 MINUTEN

1 Den Backofen auf 180 °C (Ober- und Unterhitze) vorheizen.

2 Das Brot in dünne Scheiben schneiden. Die Äpfel waschen, mit einem Apfelausstecher das Kernhaus entfernen und quer in dünne Scheiben schneiden.

3 Die Eier trennen. Das Eiweiß zu steifem Schnee schlagen, die Eigelbe mit der Milch dem Zucker und dem Zimt verquirlen. Anschließend den Eischnee unterheben.

4 Die Hälfte der Eimasse auf die beiden gebutterten, feuerfesten runden Formen verteilen und senkrecht abwechselnd die Brot- und Apfelscheiben hinein geben. Dazwischen ein paar Rosinen verteilen und die restlichen Rosinen darüberstreuen. Die restliche Eimasse darübergießen. 10 Minuten ziehen lassen, dann im vorgeheizten Ofen 45 Minuten backen.

5 15 Minuten vor Ende der Garzeit mit Butterflocken belegen und fertig backen. Heiß oder kalt servieren.

TIPP

Der Scheiterhaufen schmeckt besonders gut mit Vanillesoße und lässt sich auf Vorrat einfrieren.

Apfel-Rosinen-Strudel
mit Walnüssen

ZUTATEN FÜR 1 STRUDEL BZW.
FÜR 4–6 PERSONEN

Für den Teig:

200 g Mehl
1 Ei
1 Prise Salz
2 EL Öl
125 ml lauwarmes Wasser

Für die Füllung:

1 unbehandelte Zitrone
1,5 kg saure Äpfel (z. B. Boskop)
100 g zerlassene Butter
75 g Zucker
125 g Rosinen
1 Päckchen Vanillezucker
1 gehäufter TL Zimt
150 g gehackte Walnusskerne
Puderzucker (zum Bestauben)

ZUBEREITUNGSZEIT: 30 MINUTEN
RUHEZEIT: 30 MINUTEN
BACKZEIT: 45 MINUTEN

1 Aus dem Mehl, dem Ei, Salz, Öl und etwa 125 ml lauwarmem Wasser einen glatten Teig kneten. Wenn der Teig nicht zusammenhält, noch etwas Wasser dazugeben. Den Teig zu einer Kugel formen, mit Öl bestreichen und abgedeckt 30 Minuten ruhen lassen.

2 Den Backofen auf 200 °C (Ober- und Unterhitze) vorheizen.

3 Die Zitrone heiß abwaschen und trocken tupfen. Die Zitronenschale abreiben, den Saft auspressen und beides miteinander vermischen. Die Äpfel vierteln, schälen, mit einem Apfelausstecher entkernen und quer in dünne Spalten schneiden und in Zitronensaft wenden.

4 Dann den Teig auf einem mit Mehl bestäubten Tuch so dünn wie möglich ausrollen. Mit den Handrücken unter den Teig fahren und von der Mitte aus langsam und vorsichtig nach außen hauchdünn ausziehen, dass keine Löcher entstehen. Mit der Hälfte der zerlassenen Butter bestreichen. Die Äpfel gleichmäßig auf dem Teig verteilen.

5 Den Zucker mit Rosinen, Vanillezucker, Zimt und den Nüssen vermischen und auf die Äpfel streuen. Die Teigränder 2 cm nach innen einschlagen und den Strudel mithilfe des Tuchs aufrollen.

6 Den Strudel auf ein gefettetes, mit Backpapier belegtes Backblech heben, das Tuch entfernen und den Strudel mit der restlichen zerlassenen Butter bestreichen. Im vorgeheizten Backofen etwa 45 Minuten goldbraun backen. Auskühlen lassen, mit Puderzucker bestäubt und in Stücke geschnitten servieren.

Rohrnudeln
mit Pflaumen und Puderzucker

ZUTATEN FÜR 12–15 STÜCK

500 g Mehl

½ Würfel frische Hefe (21 g)

40 g Zucker

250 ml lauwarme Milch

1 Ei

1 Msp. abgeriebene Schale von 1 unbehandelten Zitrone

40 g weiche Butter

12–15 Zwetschgen

etwas zerlassene Butter (zum Bestreichen)

Puderzucker (zum Bestauben)

ZUBEREITUNGSZEIT: 30 MINUTEN
RUHEZEIT: 1 STUNDE 15 MINUTEN
BACKZEIT: 45 MINUTEN

1 Das Mehl in eine Schüssel sieben und in der Mitte eine Mulde formen. Die Hefe hineinbröckeln und mit 1 Esslöffel Zucker und 3–4 Esslöffel Milch verrühren. Den Vorteig zugedeckt etwa 15 Minuten gehen lassen. Dann den restlichen Zucker, die restliche Milch, das Ei, die abgeriebene Zitronenschale und die Butter in die Schüssel geben und alles zu einem geschmeidigen, glänzenden Teig verkneten, bis er sich vom Schüsselrand löst. Zugedeckt etwa 45 Minuten gehen lassen.

2 Den Ofen auf 180 °C (Ober- und Unterhitze) vorheizen.

3 Die Zwetschgen waschen, entsteinen und trocken tupfen. Eine Bratreine mit etwas Butter auspinseln.

4 Dann den Teig in 12–15 möglichst gleich große Stücke teilen, zu Bällchen rollen, in die Mitte je eine Zwetschge drücken und mit dem Teig umschließen. Die Nudeln dicht nebeneinander in die gebutterte Bratreine legen, bis die Form vollkommen ausgefüllt ist. Mit zerlassener Butter bepinseln und zugedeckt etwa 15 Minuten gehen lassen. Dann im vorgeheizten Ofen etwa 45 Minuten goldbraun backen.

5 Mit Puderzucker bestaubt servieren.

Walnussstrudel
mit Mandeln

1 Den Backofen auf 180 °C (Ober- und Unterhitze) vorheizen.

2 Das Mehl, 1 Prise Salz und das Öl in eine Rührschüssel geben, nach und nach etwa 80 ml lauwarmes Wasser unterrühren, bis ein geschmeidiger, weicher Teig entsteht.

3 Auf einer bemehlten Arbeitsfläche den Teig kräftig einige Minuten durchkneten. Der Teig soll elastisch sein und seidig glänzen. Den Teig zu einer Kugel formen und 30 Minuten ruhen lassen.

4 Dann den Teig auf einem mit Mehl bestäubten Tuch so dünn wie möglich ausrollen. Mit den Handrücken unter den Teig fahren und von der Mitte aus langsam und vorsichtig nach außen hauchdünn ausziehen, dass keine Löcher entstehen. Die dicken Teigränder abschneiden, den Teig mit der Hälfte der zerlassenen Butter einpinseln und mit gemahlenen Mandel bestreuen.

5 Die Äpfel schälen, vierteln, das Kerngehäuse herausschneiden, in kleine Stücke schneiden und auf die untere Hälfte vom Teig verteilen. Einen etwa 4 cm breiten Rand lassen. Die Rosinen, die klein gehackte Marzipanrohmasse, die Walnüsse und die Orangenschale daraufgeben und mit Zucker und Zimt bestreuen.

6 Den Teig seitlich über die Füllung schlagen und mithilfe des Tuchs aufrollen. Mit der Nahtstelle nach unten auf ein eingefettetes Backblech legen, mit zerlassener Butter bestreichen und im Backofen etwa 45 Minuten backen.

7 Den fertigen Strudel mit Puderzucker bestauben und warm servieren. Dazu passt frisch geschlagene Sahne.

ZUTATEN FÜR 1 STRUDEL
BZW. FÜR 4–6 PERSONEN

150 g Mehl · Salz · 1 EL Pflanzenöl

1 EL zerlassene Butter

2 EL gemahlene Mandeln · 3 reife Äpfel

2 EL Rosinen · 100 g Marzipanrohmasse

200 g fein gehackte Walnusshälften

2 TL abgeriebene Orangenschale

2 EL Zucker · 1–2 TL Zimt ·

Puderzucker (zum Bestauben)

ZUBEREITUNGSZEIT: 30 MINUTEN
RUHEZEIT: 30 MINUTEN
BACKZEIT: 45 MINUTEN

Gefüllter Hefekuchen
mit Rosinen und Zimt

ZUTATEN FÜR 1 KASTENFORM (12 × 30 CM) BZW. FÜR 4–6 PERSONEN

150 g Rosinen
100 ml Rum

Für den Teig:

1 Würfel frische Hefe (42 g)
250 ml lauwarme Milch
150 g Zucker
500 g Mehl
1 Prise Salz
2 Eier
Butter (für die Form)
Mehl (für die Form und die Arbeitsfläche)

Außerdem:

150 g zerlassene Butter
2 EL Zimt
3 EL Zucker

Für den Guss:

2 EL Milch
1 EL Zitronensaft
2 EL Puderzucker

ZUBEREITUNGSZEIT: 40 MINUTEN
RUHEZEIT: 45 MINUTEN
BACKZEIT: 50 MINUTEN

1 Die Rosinen in Rum einweichen.

2 Für den Hefeteig die Hefe in der lauwarmen Milch mit dem Zucker auflösen. Das Mehl mit dem Salz mischen, in eine Schüssel geben, in die Mitte eine Mulde drücken und die Eier sowie die Hefemilch hineingeben. Mit Hilfe der Knethaken eines Handrührgeräts alles gut verrühren und mit bemehlten Händen zu einem glatten und geschmeidigen Teig verarbeiten. Sollte der Teig zu feucht sein, noch etwas Mehl hinzufügen. Den Teig zugedeckt an einem warmen Ort 45 Minuten gehen lassen, bis er sein Volumen verdoppelt hat.

2 Den Backofen auf 180 °C (Ober- und Unterhitze) vorheizen. Eine Kastenform ausbuttern und mit Mehl bestauben.

3 Den Teig auf einer bemehlten Arbeitsfläche noch einmal durchkneten, dabei die abgetropften Rosinen unterkneten. Den Teig etwa 1 cm dünn ausrollen, mit der zerlassenen Butter bestreichen, mit Zimt und Zucker bestreuen und aufrollen.

4 Den Teig in die vorbereitete Kastenform legen, mit kaltem Wasser bepinseln und im vorgeheizten Ofen 45–50 Minuten goldbraun backen. Herausnehmen, kurz abkühlen lassen, vorsichtig stürzen und vollständig auskühlen lassen.

5 Die Milch mit dem Zitronensaft und dem Puderzucker verrühren, die Masse in einen Gefrierbeutel füllen, eine kleine Ecke des Beutels abschneiden und den Kuchen mit dem Guss verzieren. In Scheiben geschnitten auf einer Kuchenplatte servieren.

Rosinenschmarren
mit Zwetschgenkompott

ZUTATEN FÜR 4 PERSONEN

Für das Kompott:
500 g reife Zwetschgen
150 g Zucker · 1 Zimtstange · 1 Sternanis
150 ml trockener Rotwein

Für den Schmarren:
6 Eier · 2 EL Zucker · 200 g Mehl
1 Päckchen Vanillezucker
375 ml Milch
2 EL Rosinen
1 Prise Salz
2 EL Butterfett
1–2 EL Puderzucker

ZUBEREITUNGSZEIT: 30 MINUTEN
GARZEIT: 25 MINUTEN

1 Die Zwetschgen waschen, halbieren, entkernen und in Spalten schneiden. Mit dem Zucker und den Gewürzen mischen und in einem Topf andünsten.

2 Mit dem Wein ablöschen und bei mittlerer Hitze etwa 10 Minuten köcheln lassen. Vom Herd ziehen und gut auskühlen lassen.

3 Für den Schmarrn die Eier trennen. Die Eiweiße mit 1 Esslöffel Zucker steif schlagen. Die Eigelbe mit dem Mehl, dem restlichen Zucker, Vanillezucker, der Milch, den Rosinen und Salz gut verquirlen und den Eischnee unterziehen.

4 Das Butterfett in einer großen Pfanne erhitzen, den Teig hineingießen und bei geschlossenem Deckel stocken lassen. Sobald die Unterseite sich bräunt, wenden und mithilfe von 2 Pfannenhebern in Stücke reißen und den Schmarren weiterbraten, bis er goldbraun ist.

5 Zum Servieren mit Puderzucker bestauben und das Zwetschgenkompott dazureichen.

Topfenstrudel
mit Rum

1 Das Mehl auf eine saubere Arbeitsfläche sieben. In die Mitte eine Mulde formen, 1 Ei hineinschlagen sowie Öl und eine Prise Salz hinzufügen. Alles zu einem glatten Teig verkneten, dabei nach und nach genügend Wasser zugießen, bis der Teig eine mittelfeste Konsistenz erreicht. Die Masse etwa 10 Minuten zu einem glänzenden Teig kneten. Den Teig halbieren und zu 2 Kugeln formen. Mit Öl bepinseln und abgedeckt etwa 30 Minuten ruhen lassen.

2 Für die Füllung Rosinen waschen, mit Rum beträufeln und zugedeckt ziehen lassen. Gegen Ende der Ruhezeit des Teiges den Quark mit dem Zucker und ½ Päckchen Vanillezucker in einer Schüssel verrühren. 3 Eier trennen und die Eigelbe unter die Quarkmasse rühren. Die abgeriebene Zitronenschale und die Rumrosinen zufügen. Die Eiweiße mit Salz zu Schnee schlagen und unter die Masse heben.

3 Eine Bratreine dünn mit zerlassener Butter ausstreichen. Die restliche Butter beiseite stellen. Eine Teigkugel dünn auf einem großen bemehlten Tuch ausrollen. Mit den Handrücken unter den Teig fahren und von der Mitte aus langsam und vorsichtig nach außen hauchdünn ausziehen, dass keine Löcher entstehen. Dicke Teigkanten abschneiden.

4 Den Backofen auf 200 °C (Ober- und Unterhitze) vorheizen. Den Strudelteig dünn mit zerlassener Butter bepinseln und mit je 1 Esslöffel Semmelbrösel bestreuen. Die Hälfte der Quarkmasse auf den Teig streichen und dabei einen etwa 3 cm breiten Rand freilassen. MIthilfe des Tuchs den Strudel aufrollen, die seitlichen Ränder einschlagen und mit der Nahtstelle nach unten in die gefettete Form legen.

5 Den restlichen Teig und Quark genauso zu einem Strudel verarbeiten und dicht neben den ersten in die Bratreine legen. Mit zerlassener Butter bestreichen und auf mittlerer Schiene etwa 45 Minuten goldbraun backen.

6 Für den Guss die Milch mit dem Eigelb, 1 Esslöffel Zucker und dem restlichen Vanillezucker in einer Tasse verquirlen. Etwa 15 Minuten vor Ende der Backzeit die Eiermilch über die Strudel gießen. Den Topfenstrudel in 4–5 cm breite Stücke schneiden und mit dem Puderzucker bestreut warm servieren. Vanillesoße dazu reichen.

ZUTATEN FÜR 1 AUFLAUFFORM (15 × 26 CM) BZW. FÜR 12 PORTIONEN

200 g Mehl · 4 Eier · 1 EL Pflanzenöl · Salz

Für die Füllung:

50 g Rosinen · 2 EL Rum · 500 g Quark

100 g Zucker · 1 Päckchen Vanillezucker

3 Eier · abgeriebene Schale von ½ unbehandelten Zitrone · Prise Salz

80 g zerlassene Butter

Mehl (für die Arbeitsfläche)

2 EL Semmelbrösel

Für den Guss

125 ml Milch · 1 Eigelb · 4 EL Puderzucker

ZUBEREITUNGSZEIT: 40 MINUTEN
RUHEZEIT: 30 MINUTEN
BACKZEIT: 45 MINUTEN

Quarkknödel mit Mohnfüllung

ZUTATEN FÜR 4 PERSONEN

Für die Vanillesauce:

1 Vanilleschote

250 ml Milch

250 ml Sahne (mindestens 30 % Fett)

5 Eigelbe

100 g Zucker

Für die Quarkknödel:

60 g Löffelbiskuits

25 g Zartbitter-Schokolade

100 g gemahlener Mohn

1 EL Honig

75 ml lauwarme Milch

4 EL Zucker

1 EL Rum

300 g Quark

1 EL Butter

2 EL Zitronensaft

100 g Semmelbrösel

1 Ei

1 Eigelb

Für die Garnitur:

2 EL Zucker

2 EL Mohn

ZUBEREITUNGSZEIT: 40 MINUTEN
KÜHLZEIT: 30 MINUTEN
KOCHZEIT: 30 MINUTEN

1 Die Vanilleschote längs aufschlitzen und das Mark herauskratzen. Die Milch und die Sahne mit der Vanilleschote und dem ausgekratzten Mark verrühren, aufkochen und von der Herdplatte nehmen. Die Eigelbe mit dem Zucker in einer Schüssel cremig schlagen.

2 Die warme Sahnemilch in einem dünnen Strahl langsam in die Eigelbcreme rühren, alles zurück in den Topf gießen und bei niedriger Hitze zu einer Sauce aufschlagen, nicht kochen lassen. Die Vanillesauce in eine Sauciere füllen, abkühlen lassen. Dabei die Oberfläche dünn mit Zucker bestreuen, damit sich keine Haut bildet.

3 Für die Knödel die Löffelbiskuits in einen Gefrierbeutel füllen und mit dem Nudelholz zu feinen Bröseln zerkleinern. Die Schokolade grob hacken und über einem heißen Wasserbad schmelzen. Beides mit dem Mohn, dem Honig, der Milch, 3 Esslöffeln Zucker und dem Rum verrühren und für etwa 30 Minuten in den Kühlschrank stellen.

4 Den Quark, die Butter, 1 Esslöffel Zucker, den Zitronensaft, die Semmelbrösel, das Ei und das Eigelb zu einem glatten Teig verrühren.

5 Aus der Mohnmasse kleine Kugeln formen und diese mit Quarkteig umhüllen. Die Knödel in leicht gesüßtem, siedendem Wasser 10 Minuten gar ziehen lassen. Wenn die Knödel oben schwimmen, mit einer Siebkelle herausnehmen, abtropfen lassen und auf Tellern anrichten.

6 Nach Belieben mit etwas Zucker und Mohn bestreuen, die Vanillesoße dazu servieren.

Knusprige Schichtspeise
mit Vanillecreme

ZUTATEN FÜR 4 PERSONEN

300 g Löffelbiskuit
75 ml gekochter abgekühlter Espresso
75 g Mandelblättchen

Für die Creme:

1 Vanilleschote
250 g Mascarpone
2 cl Kaffeelikör
50 g Zucker
200 ml Sahne (mindestens 30 % Fett)
Minzblätter (zum Garnieren)
Kakao (zum Bestauben)

ZUBEREITUNGSZEIT: 20 MINUTEN

1 Die Löffelbiskuits grob zerbröseln, in eine Schüssel geben und mit dem Espresso übergießen. Die Mandelblättchen in einer Pfanne ohne Zugabe von Fett goldbraun anrösten, herausnehmen und beiseite stellen.

2 Für die Creme die Vanilleschote längs aufschlitzen und das Mark herauskratzen. Die Mascarpone mit dem Likör, dem Vanillemark und dem Zucker verrühren.

3 Die Sahne steif schlagen und nach und nach unter die Mascarpone heben.

4 Die eingeweichten Löffelbiskuits mit der Vanillecreme in vier Dessertgläser einschichten, dabei mit den Löffelbiskuits beginnen und mit der Creme abschließen. Mit Mandelblättchen bestreuen und mit Minzblättern garnieren. Mit Kakao bestauben und servieren.

Rotweinbirnen
mit Vanillesirup

1 Die Zitrone heiß abwaschen, in Scheiben schneiden und mit dem Rotwein, dem Zucker, Vanillesirup und der Zimtstange in einem Topf zum Kochen bringen und 10 Minuten sanft köcheln lassen.

2 Die Birnen schälen und das Kerngehäuse von unten mit einem spitzen Messer herausschneiden.

3 Die Zimtstange und die Zitronenscheiben aus dem Rotwein entfernen und die Birnen in den Sud stellen. Mit dem Weinsud übergießen und zugedeckt bei schwacher Hitze etwa 10 Minuten simmern lassen. Anschließend im Sud abkühlen lassen.

4 Auf Tellern mit etwas Sud anrichten und sofort servieren. Schmeckt besonders gut mit Vanilleeis und/oder Sahne!

ZUTATEN FÜR 4 PERSONEN

1 unbehandelte Zitrone

500 ml Rotwein

150 g Zucker

1 EL Vanillesirup

1 Zimtstange

8 Birnen (z. B. Williams)

ZUBEREITUNGSZEIT: 30 MINUTEN
GARZEIT: 20 MINUTEN

Glühwein-Zabaione

raffiniert und fruchtig

ZUTATEN FÜR 4 PERSONEN

1 unbehandelte Orange
6 frische Eigelb
100 g Puderzucker
1 Prise Salz
160 ml Glühwein
4 Zimtstangen

ZUBEREITUNGSZEIT: 20 MINUTEN

1 Die Orange heiß abwaschen und die Schale abziehen.

2 Die Eigelbe mit Puderzucker, Salz und 1 Esslöffel Wasser in eine Metallrührschüssel geben und über einem heißen Wasserbad mit dem Rührbesen des Handrührgeräts sehr schaumig rühren. Unter weiterem Schlagen nach und nach den Glühwein zugießen und kräftig unterschlagen.

3 Die Zabaione mit Zucker abschmecken und auf einem Eiswasserbad kalt schlagen. Die Creme in die vier vorbereiteten Gläschen füllen und mit je einer Zimtstange und etwas Orangenschale garniert servieren.

Weihnachtspunsch mit Cranberries

ZUTATEN FÜR
8 GLÄSER À 130 ML

1 unbehandelte Orange

250 g frische Cranberries

frisch gepresster Saft von 2 Orangen

etwa 100 g Zucker

2 Sternanis

1 Zimtstange

2–3 Nelken

1 ½ Flaschen Rotwein

100 ml Rum

Orangenscheiben (zum Garnieren)

ZUBEREITUNGSZEIT: 25 MINUTEN
GARZETI: 15 MINUTEN

1 Die Orange gründlich heiß abwaschen und in Spalten schneiden, gegebenenfalls Kerne entfernen. Die Cranberries waschen, verlesen und leicht anquetschen.

2 Die Orangenspalten sowie den Orangensaft, die Cranberries, den Zucker, Sternanis, Zimtstange und Nelken mit Rotwein und Rum unter Rühren erhitzen, aber nicht kochen lassen. Im geschlossenen Topf (ohne Kochen) 5–10 Minuten ziehen lassen.

3 Den Punsch abseihen, in Gläser füllen und mit Orangenscheiben und einigen Cranberries garniert servieren.

Zimtstern-Shake
mit Walnusseis und Likör

ZUTATEN FÜR 4 GLÄSER À 200 ML)

300 ml Milch
200 ml Sahne (mindestens 30 % Fett)
300 ml Walnusseis
1 TL Zimt
½ TL Lebkuchengewürz
2 Päckchen Vanillezucker
4 cl Rum
4 cl Baileys Cream-Likör
4 Zimtsterne

ZUBEREITUNGSZEIT: 20 MINUTEN

1 Die Milch und die Sahne in einer Schüssel mit den Quirlen des elektrischen Handrührgeräts schaumig rühren.

2 Das Eis, den Zimt, das Lebkuchengewürz und den Vanillezucker zugeben und noch mal kräftig durchrühren.

3 Den Rum und den Baileys-Cream-Likör kurz unterrühren und auf vier Gläser verteilen. Mit Zimtsternen garnieren und servieren.

Apfelpunsch
mit Kaffeebohnen und Zimt

1 Den Ingwer schälen und in Scheiben schneiden.

2 500 ml Wasser aufkochen, den Tee zufügen und alles 5 Minuten ziehen lassen.

3 Den Apfelsaft, den Ingwer, die Gewürznelken, den Zimt und etwas Zitronensaft in einen Topf geben und erhitzen, den Tee zufügen und alles mit Honig und Zitronensaft abschmecken.

4 Den Apfel heiß abwaschen und mit einem Sparschäler oder mit einem kleinen Messer die Schale abschneiden.

5 Kaffeebohnen und ein Stück Apfelschale in ein Glas geben. Den Punsch abseihen und in die Gläser füllen. Heiß servieren.

ZUTATEN FÜR 4 GLÄSER À 250 ML)

1 Stück frischer Ingwer (etwa 3 cm)

1–2 TL schwarze Teeblätter

500 ml Apfelsaft

3–4 Gewürznelken

½ TL Zimt

Zitronensaft

Honig

1 Apfel

1 EL Kaffeebohnen

ZUBEREITUNGSZEIT: 20 MINUTEN

Winterlicher Apfelwein
mit frischen Äpfeln

ZUTATEN FÜR
4 GLÄSER Á 200 ML

4 süß-säuerliche Äpfel
100 g Zucker
300 ml Apfelwein oder Cidre
3 Zimtstangen
3 Sternanis
150 ml Rum

ZUBEREITUNGSZEIT: 25 MINUTEN
KOCHZEIT: 30 MINUTEN

1 Die Äpfel waschen, vierteln, das Kerngehäuse entfernen und die Äpfel klein würfeln.

2 Den Zucker in einem Topf karamellisieren lassen und mit 350 ml Wasser und dem Apfelwein ablöschen.

3 Die Apfelstücke, Zimt und Anis zugeben. Aufkochen lassen und bei sehr geringer Hitze etwa 30 Minuten köcheln lassen.

4 Anschließend den Rum zufügen und nach Belieben warm oder kalt servieren.

Cranberrypunsch
mit Kirschwasser

ZUTATEN FÜR 4 PERSONEN

6 cl brauner Rum
200 ml Cranberrysaft
4 cl Kirschwasser
1–2 EL Puderzucker (nach Belieben)
300 g Cranberries
1 Zimtstange
1 Stück unbehandelte Zitronenschale

ZUBEREITUNGSZEIT: 10 MINUTEN
ZIEHZEIT: 10 MINUTEN

1 Den Rum, den Cranberrysaft und das Kirschwasser in einen kleinen Topf gießen und erwärmen.

2 Den Puderzucker darin auflösen und die gewaschenen Cranberries zugeben. Etwa 2 Minuten mit der Zimtstange und dem Zitronenstück köcheln lassen. Nach Geschmack mit etwas Puderzucker nachsüßen.

3 Dann den Topf vom Herd ziehen und alles 10 Minuten durchziehen lassen. Den Punsch auf Gläser verteilen und mit etwa 500 ml kochend heißem Wasser auffüllen.

Gewürzgrog mit Orangenscheiben

1 Den Tee mit 700 ml kochendem Wasser übergießen und 3–5 Minuten ziehen lassen. Die Teebeutel entfernen und den Rum zufügen.

2 Die Orange gründlich heiß abwaschen, in Scheiben schneiden und mit dem Kandiszucker auf vier Gläser verteilen.

3 Je ½ Zimtstange und ein Stück Sternanis zugeben und mit dem heißen Grog übergießen. Sofort servieren.

ZUTATEN FÜR 4 PERSONEN

2 Beutel schwarzer Tee

50 ml brauner Rum

1 unbehandelte Orange

4 TL Kandiszucker

2 Zimtstangen

4 Sternanis

ZUBEREITUNGSZEIT: 15 MINUTEN
ZIEHZEIT: 5 MINUTEN

Register

Bildnachweis

Die Fotografien wurden von der StockFood GmbH zur Verfügung gestellt mit Genehmigung von:

Alack, Chris 23 – Anton, Serge 136 – Atkinson, Dr. Sue 91 (unten) – Baxter, Steve 13
Bender, Uwe 153 – Bischof, Harry 33, 56, 144, 147 – Blickpunkte 43 – Bohle, Gaby 5, 151
Brachat, Oliver 105, 178 – Caggiano Photography 131 – Caste, Alain 119 – Cazals, Jean 133
Cimbal, Walter 14, 82, 148 – CIROWO 36, 69 (unten rechts, oben rechts), 95, 107
Da Costa, Beatriz 59 – David Loftus Limited 100 – Deimling-Ostrinsky, Achim 75
Diak Uis 78, 90, 91 (oben links) – Drool Ltd, William Lingwood 21
Einwanger, Klaus-Maria GmbH 27 (unten links) – Ellert, L. 63 – Eriksson, Ingvar AB 91 (oben rechts)
Fenney, Geoff 19 – Firmston, Victoria 137 (oben links) – food art factory 35, 49, 135
Foodcollection 152, 163, 167 (oben links)
FoodPhotogr. Eising, Susie 11, 69 (unten links), 70, 83, 93, 99, 117, 125, 141, 142, 162, 174, 175
Garlick, Ian 77, 130 – Great Stock! 22, 101, 96 – Gregson, Jonathan 87, 111, 115
Gross, Petr 37 (oben links), 137 (oben rechts) – Halsey, Nick 27 (oben links) – Hay, John 29, 97
Heinze, Winfried 38, 177 – Hilde 69 (oben links) – Holsten, Ulrike 165 – Hrbkov·, A. 94, 157
Huerta, Anna 7, 26 – Jacobs, Martin 161 – Jarry, Marie JosÈ 85 – Kia Nu 44
Lister, Louise 124, 143 – Mader, Sabine 166 – Medilek, Peter 127 – Miller, Diana 68, 109 (oben)
Morgans, Gareth 106 – Newedel, Karl 47, 71, 73, 139 – Nilsson, P. 168 – Octopus collection 67
Overy, Dr. Neil 167 (oben rechts) – Paul, Michael 37 (unten), 50 – Persson, Per Magnus 41
Picture Box/Luna 55 – Plewinski, Antje 171 – Reculez, Francine 15 – Rees, Peter 167 (unten)
RiviËre, Jean-Francois 30 – Rua Castilho 74, 103 – Rynio, J. 145 – Schanz, Susanne 61
Schardt, Wolfgang 65, 120, 123, 159, 169 – Schieren, Bodo A. 116
Schindler, Martina 109 (unten), 27 (unten rechts, oben rechts) – Schmid, Ulrike 158
Schwarzwald, Oliver 62, 81, 155 – Shooter, Howard 53 – Smend, Maja 179
Sporrer/Skowronek 57 – Stowell, Sam 39 – Strauss, F. 137 (unten)
Teubner Foodfoto GmbH 113, 129 – Treloar, Debi 45 – Tuma, Clara 31 – Visions B.V. 108
West, Stuart 34, 37 (oben links), 173 – Westermann, Jan-Peter 89
Winkelmann, Bernhard 25, 17 – Zandecki, Lukasz 8